IL TRASFERIMENTO FISCALE DELL'ITALIANO

MAURO SAVINO

© 2024 Mauro Savino

Tutti i diritti riservati. Nessuna parte di questo libro può essere riprodotta, distribuita, trasmessa o utilizzata in qualsiasi forma o con qualsiasi mezzo, elettronico o meccanico, comprese fotocopie, registrazioni o altri sistemi di archiviazione o recupero di informazioni, senza il permesso scritto dell'Autore, salvo nei casi consentiti dalla legge.

Questo libro è stato scritto con l'intento di fornire informazioni e orientamenti generali.

Non costituisce consulenza legale o fiscale.

Per richiedere una consulenza personalizzata, si prega di contattare l'Avv. Mauro Savino all'indirizzo: info@maurosavino.com

INDICE

INTRODUZIONE

I. REGOLA 1: IL FISCO TI PERSEGUIRÀ OVUNQUE 1

II. REGOLA 2: IL FISCO ODIA I PARADISI FISCALI 4

III. REGOLA 3: PER IL FISCO SONO TUTTI EVASORI 9

IV. LA RIVOLUZIONE COPERNICANA DELLA FISCALITÀ 12

V. FISCALITÀ E TEMPO 16

VI. RESIDENZA E RESIDENZA FISCALE 19

VII. A.I.R.E. 23

VIII. DOMICILIO FISCALE 30

IX. COME SI DIMOSTRA IL DOMICILIO FISCALE 35

X. IL FISCO INVISIBILE 40

XI. C.O.M.I. 51
XI.1. L'Amministratore e il paradiso 53
XI.2. Fiscalità e attività *online* 57
XI.3. Famiglia all'estero e bollette salate 63

XII. 183 .... **66**

CONCLUSIONE **74**

INTRODUZIONE

Perché ho scritto questo libro?
Per proporre i miei servizi.
Perché la gente dovrebbe ricorrere ai miei servizi?
Perché posso promettere di fare il meglio che posso.
Ed è tutto ciò che posso promettere.
Oggi la fiscalità è prostituta: vende a tutti lo stesso.
Io non voglio fregarvi. Non perché amo il genere umano.
Nella maggior parte dei casi il genere umano mi ripugna.
Ma non ho il talento dell'avventuriero.
Né l'animo da accattone.
Quindi preferisco lavorare che arrangiarmi.
Preferisco richiedere un onorario che l'elemosina.
Ho iniziato quasi dieci anni fa a occuparmi di tasse.
Specialmente quelle che si può evitare di pagare.
L'etica è un concetto relativo e storico.
A me non importa cosa fate con i vostri soldi.
Non mi importa nemmeno dove li avete presi.
A me devono arrivare puliti.
Per questo vi faccio compilare un questionario.
Voi dichiarate. Io prendo atto.
E se quello che volete ve lo posso dare bene.
Altrimenti andate altrove. Ce n'è tanti.
Non mi immischio in affari sporchi.
Sono troppo vecchio per giocare a guardie e ladri.
A chi serve questo libro?
A nessuno.
Se pensate che dopo averlo letto saprete tutto.
A tutti.
Se volete trasferirvi all'estero con criterio.
La libertà può anche essere andarsene dall'Italia.
E non pagare le tasse.
Ma non è quello che vuole l'Italia.
Quindi non siete liberi.
Ma lo potete diventare.
Con questo libro potete cominciare a capire come.

I

REGOLA 1: IL FISCO TI PERSEGUIRÀ OVUNQUE

La prima regola della fiscalità italiana è che il cittadino italiano che risiede fiscalmente in Italia è obbligato a dichiarare i redditi **ovunque questi siano stati prodotti**.

Non ha nessuna importanza che si risieda in Italia ma che si guadagnino dei soldi in Brasile.

I soldi che si guadagnano in Brasile vanno comunque dichiarati (anche) in Italia.

Questo avviene perché l'Italia adotta il cosiddetto principio della **tassazione globale**.

Moltissimi Paesi, e tra questi non ci sono solamente i paradisi fiscali, adottano, invece, una **tassazione territoriale**.

In base a quest'ultima scelta impositiva, si viene tassati **solamente** per i redditi prodotti nel territorio dello Stato.

L'Italia, come pure la Francia, la Norvegia, la Grecia, la Germania, la Polonia e altri Paesi, ha deciso invece di ultratassare il contribuente.

Naturalmente, gli Stati che applicano questo principio, vedi Norvegia, compensano il salasso con servizi pubblici di alto livello, o, comunque, offrono qualcosa in cambio, in termini di incentivi alle imprese, sgravi fiscali, politiche occupazionali, pur nei limiti dei *diktat* dell'Unione Europea.

L'Italia non offre in cambio niente.

Quanto ai servizi, non è difficile verificare lo stato fatiscente di tanta parte delle infrastrutture nazionali, dai trasporti alla pubblica amministrazione alla sanità, su cui il velo che si dovrebbe stendere non può essere più nemmeno pietoso.

Questo per dire che tale principio di tassazione universale, oltre a essere, in linea di principio, opinabile, quando non inaccettabile, in assenza di un corrispettivo da parte dello Stato, ha tutte le caratteristiche del sopruso ai danni del contribuente.

L'italiano residente in Italia, si vede aggredito dal fisco che, dopo avergli sottratto anche fino al 50% dei redditi nazionali, si concede il lusso di tartassarlo anche sui redditi esteri.

Come sanno molto bene quelli che hanno delle società all'estero e che devono pagare allo Stato il 26% sui dividendi ricevuti per attività svolte in Paesi in cui è ancora possibile fare impresa e che, sebbene non abbiano nulla a che fare con l'Italia, vengono tassate con un'aliquota vergognosa perché l'Italia ritiene dal 1860 che le tasse siano l'architrave della sovranità nazionale.

Dunque, il principio, e la sua applicazione, non cambieranno.

Dobbiamo farcene una ragione e agire di conseguenza.

Cioè a dire, trasferire la nostra residenza fiscale in Paesi che ci consentano di non sprecare metà del tempo per salvarci dalla piovra fiscale.

L'adozione di questo principio da parte dell'Italia, rende il trasferimento all'estero del cittadino una faccenda complessa.

E siccome di questo libro non hanno bisogno quelli che se la cavano con il "o la va o la spacca" e non dichiarano nulla, vivendo o meno all'estero, mi rivolgo a chi vuol fare le cose con una logica.

A costoro dico, e lo ripeterò più volte in questo libro, che il trasferimento all'estero, in considerazione (anche, ma non solo) di questo assioma, va ponderato con molta attenzione, in quanto, se non viene fatta una **pianificazione corretta** prima di trasferirsi, ci si potrebbe trovare nella terribile situazione di chi, pur vivendo all'estero, viene tassato in Italia.

Infatti, trasferirsi all'estero senza aver reciso i legami con lo Stato italiano implica, né più né meno, che la permanenza della residenza fiscale, a tutti gli effetti, in Italia.

Mi rendo conto, anche a fronte delle consulenze che erogo, che questo punto è abbastanza arduo da comprendere, nella sua interezza, da parte di chi decide di risiedere all'estero.

E non c'è da stupirsi di questa incomprensione.

In quanto si tratta di una assurdità in termini.

Se io produco reddito all'estero oppure vado a vivere all'estero e produco reddito nel Paese in cui vado, non si capisce perché io dovrei, nel primo caso pagare, nel secondo caso, continuare a pagare, le tasse allo Stato italiano.

Se nel primo caso, quello di chi vive in Italia, ma guadagna all'estero, la tassazione dei redditi prodotti in un altro Paese può essere condannata ma altro non si può fare, nel caso, invece, di chi vive all'estero, le cose vanno in modo diverso.

E alla condanna si aggiungono diverse complessità, che, se calibrate nel giusto modo, possono volgersi a vostro favore, mentre se sono lasciate al caso, produrranno, presto o tardi, conseguenze poco piacevoli.

Quando parlo di complessità da calibrare, mi riferisco al fatto che il trasferimento fiscale all'estero non si esaurisce nel compiere una serie di atti sganciati tra loro, come andare e venire dal o dai Paesi in cui ci si trasferisce, pagare le tasse altrove solo perché si paga un affitto in quel dato Paese, non iscriversi all'A.I.R.E. perché nessuno lo fa o perché "non conviene", e via discorrendo.

Queste sono iniziative di *spiriti liberi* di cui al fisco non importa assolutamente nulla, se non di etichettarli come evasori e punirli non appena se ne presenti l'occasione.

Se appartieni a questa categoria hai sbagliato libro.

No. Il trasferimento fiscale è una **combinazione di atti e procedure** connesse tra loro e dirette da chi si occupa di queste cose per professione.

Se vi trasferite all'estero senza comprendere le implicazioni di un principio come quello della tassazione globale, potete solo affidarvi alla speranza che il fisco si dimentichi di voi.

E null'altro.

Se invece volete mettere in atto i comportamenti corretti, cominciate tenendo a mente che il regime fiscale italiano vi obbliga, se volete trasferirvi all'estero, a considerare tutti gli aspetti che coinvolgono la vostra vita personale, il vostro patrimonio, i vostri progetti nel Paese in cui decidete di trasferirvi.

Comprendere che questo passaggio è inevitabile è già un passo avanti e distinguerà voi dall'armata brancaleone di individui che agiscono senza criterio e, spesso, sotto consiglio di gente che gioca a fare consulenza e che dovrebbe invece dedicarsi al pesante lavoro dei campi, di cui c'è tanto bisogno nelle aree depresse del Mezzogiorno italiano.

II

REGOLA 2: IL FISCO ODIA I PARADISI FISCALI

I tempi cambiano.

All'inizio del '900 ci furono non pochi italiani che cercarono fortuna a Panama, lavorando alla costruzione del Canale.

Vivevano il dramma o l'avventura – a seconda dei casi – dell'emigrazione.

Certo, nessuno di loro attraversava l'Atlantico per sfuggire al fisco. Semmai alla miseria.

Circa mezzo secolo dopo, l'Italia firma un Trattato internazionale con Panama per sancire l'amicizia tra i due Paesi. Infatti si chiama proprio Trattato di Amicizia tra Italia e Panama.

È un trattato che favorisce gli italiani che vogliono risiedere a Panama e i panamensi che vogliono risiedere in Italia.

Poi qualcosa si rompe.

Sul finire degli anni '90, quando l'Europa Unita era già una realtà che avrebbe prodotto i danni di cui oggi soffre anche l'Italia – un tempo tra le grandi potenze mondiali, ora tornata quell' "espressione geografica" di cui parlava, a quanto sembra, Metternich ai tempi dell'Impero austriaco – l'Italia, senza rompere il Trattato con Panama, tuttora (o, meglio, per ora) vigente, prepara un bel listone in cui enumera i nemici del fisco patrio: i terribili **paradisi fiscali**.

Questi Paesi, tra i quali c'è anche Panama, compongono quella che si definisce la ***blacklist*** dei Paesi che adottano regimi a fiscalità privilegiata: Paesi cioè che non tassano taluni tipi di reddito o non ne tassano alcuno, cosa inaudita per i tassomani italiani.

Poi, nel 2016, lo scandalo dei *Panama Papers* contribuì a creare l'*identikit* di quei Paesi brutti, sporchi e cattivi che come il coro delle sirene di Ulisse catturano aspiranti evasori da tutto il mondo.

L'ultima tappa di questa crociata anti-paradisi fiscali prevede elaborazioni di *blacklist* da parte dell'ormai imperante Unione Europea, che decide, di volta in volta, quali sono i Paesi buoni e quali i cattivi, millantando scopi di igiene fiscale e di eticità finanziaria a cui possono credere solo inguaribili romantici, ché gli scopi sono ben altri.

Ora, io ho parlato di Panama perché è la realtà che conosco direttamente. Ma considerazioni analoghe valgono anche per gli altri *enfants terribles* della fiscalità internazionale.

Si è prodotta, soprattutto negli ultimi anni, una caccia alle streghe impulsata da Bruxelles, orchestrata dall'O.C.S.E. e attuata dagli Stati che, o non hanno voce in capitolo, come l'Italia, o ne hanno più di tutti, come la Germania.

Le streghe sono i paradisi fiscali, nemici del nuovo corso della *governance* fiscale che combatte i soprusi e tassa i ricchi per dare ai poveri, siano essi Stati o individui.

Ovviamente, una frescaccia.

La metà di loro ha un conto a Panama sotto prestanome.

Questa è la realtà, signori.

Che cosa significa questo per chi semplicemente vorrebbe andarsene dall'Italia per pagare meno tasse o addirittura non pagarne? Magari trasferendosi proprio a Panama?

Cosa c'entrano questi massimi sistemi con il signor Rossi che è solo stufo di dare metà del profitto suo o della sua impresa – metà per essere buoni – allo Stato e vuole solo prendere la residenza all'estero?

Purtroppo, c'entrano eccome.

La ragione per cui diverse persone chiedono una consulenza per trasferirsi all'estero e poi rimangono in Italia, è che rimangono atterrite dalle verità che non posso nascondere loro e che hanno a che fare con le cautele che bisogna usare quando si decide di lasciare l'Italia.

Si pensa, generalmente, che basti fare due carte, al massimo intestare la casa di proprietà a un vecchio zio, spendere magari qualche centinaio di euro per le pratiche e il gioco è fatto.

Queste persone vivono in un universo parallelo e, se mai si trasferiranno all'estero, lo faranno sotto consiglio di qualche maneggione e il fisco presto o tardi si farà vivo.

Pazienza. Non è mio interesse migliorare l'umanità. Anche perché è inutile.

Quando, invece, si ha una minima idea della complessità della realtà economico-finanziaria attuale, ci si aspetta che anche il trasferimento all'estero non significhi prenotare un volo in offerta per amene località esotiche.

Quando potenti Organizzazioni internazionali come l'O.C.S.E. o il F.A.T.C.A. decidono di proclamare la lotta contro l'evasione fiscale a livello planetario, a farne le spese non sono i delinquenti (quelli veri, non i furbetti del quartierino, che sono solo espressione di un neorealismo *demodé*) ma le persone normali, le persone stanche della burocrazia infinita, stanche dell'impiegato comunale che non sa cos'è un apostilla, stanche dell'Agenzia delle Entrate che manda cartelle esattoriali campate in aria che provocano suicidi, stanche di vedere che il negozio sotto casa chiude perché dopo aver pagato le tasse non resta niente, stanche di vedersi arrivare una busta paga da 3000 euro, dei quali 1500 vanno allo Stato per tasse e contributi in vista di una pensione che non arriverà mai, stanche di dover vivere di stenti con una pensione da 800 euro, stanche di aprire partite IVA e stanche di ricevere, a fronte di tutto questo, il nulla.

Queste persone non chiedono una consulenza per trasferirsi a Panama perché sono degli evasori impenitenti, non tutti almeno.

La maggior parte delle persone che si rivolge a me è gente stanca dell'Italia.

E a Panama, o altrove, non cercano di fregare il fisco.

Semplicemente, dal fisco, non vogliono essere più fregati.

Ma il fisco questo non glielo perdona.

E allora, se si trasferiscono a Panama, vanno puniti.

Con la Regola 2: chi si trasferisce in un paradiso fiscale deve essere sfavorito rispetto a chi si trasferisce in un Paese *normale*.

Come se nel Paese *normale* non si facessero altrettante malefatte, magari di più, che non nel paradiso fiscale.

Quello che ho detto finora spiega le ragioni di questa scelta.

E, coscienti delle reali motivazioni che reggono questa regola, dobbiamo prendere tutti i provvedimenti necessari per non farci sorprendere dall'inquisizione fiscale.

Perché se gli inquisitori possono punirvi, lo faranno.

Ora, cosa succede normalmente quando una persona si trasferisce all'estero ma il fisco gli contesta la residenza fiscale?

Succede che si applica il principio basilare del contraddittorio. Chi accusa qualcuno di qualcosa deve anche poterlo dimostrare.

Il problema è che quando si tratta del fisco il principio del contraddittorio vale solamente a metà.

Infatti, l'Agenzia delle Entrate è tenuta ad applicare questo principio solamente quando gli italiani si trasferiscono in Paesi che non rientrano nella cosiddetta *backlilist*, l'elenco dei cattivi di cui ho detto prima.

Cosa significa questo?

Significa che chi si trasferisce in un paradiso fiscale è, a prescindere da qualunque dimostrazione da parte dell'Agenzia delle Entrate, un evasore fiscale e un delinquente internazionale pericolosissimo.

Pertanto, grazie a questa trovata, la persona che si trasferisce all'estero in un paradiso fiscale, in caso di accertamento, dovrà difendersi contro l'accusa indimostrata dell'Agenzia delle Entrate **fornendo prove** della sua effettiva residenza all'estero.

È sarà bene che siano prove ben solide o soccomberete.

E il fisco ci gode se soccombete.

Le prove sono ben solide quando la residenza e il domicilio fiscali sono, oltre ogni ragionevole dubbio, fissate nel paradiso fiscale.

E sono prove che dovete precostituirvi proprio in vista di possibili accertamenti.

Non potete inventarvi assolutamente nulla all'ultimo momento.

Già quando decidete di trasferirvi in un paradiso fiscale, dovrete avere ben chiaro che, per voi, sarà più dura rispetto a uno che si trasferisce a Berlino.

Ma questo non vuol dire che dovete desistere.

Trasferirsi in un paradiso fiscale non solo è un diritto, ma è anche fattibilissimo.

Purché rispettiate certi protocolli.

Quindi, dovete farvi seguire da un professionista che opera sul luogo.

Perché in questo caso, l'Agenzia delle Entrate ha il coltello dalla parte del manico e se non sapete come difendervi perché non avete fatto i passaggi giusti quando era tempo, le conseguenze non saranno per nulla felici.

Per tornare all'esempio di Panama, il fisco se ne frega se Panama ha un trattato d'amicizia con l'Italia.

Se intravede la possibilità di accertarvi, Panama o Singapore è lo stesso.

Ma se avrete fatto le cose come dio comanda, gli renderete pan per focaccia.

Ve lo garantisco.

III

REGOLA 3: PER IL FISCO SONO TUTTI EVASORI

Questa terza regola, di cui, come per le altre due, è possibile rinvenire le radici socio-culturali ancor prima che di politica fiscale, va considerata come un fatto.

È così e basta.

Del resto, senza che io metta in campo l'esperienza decennale che ho maturato in materia di fiscalità internazionale, tutti lo possono verificare senza difficoltà.

Il fisco vede evasori ovunque, ha bisogno degli evasori, e quando non ne trova se li inventa.

L'Italia è una repubblica tirannica fondata sulle tasse.

Fissiamo questo punto e teniamolo bene a mente.

Qui e sempre.

Aiuta a tenere alta la guardia.

Ora, partendo dal presupposto che per il fisco siamo tutti evasori, come dobbiamo organizzarci per reagire a possibili contestazioni?

Dobbiamo spogliarci dell'abito di evasori potenziali.

Ovvero, nel nostro caso, dobbiamo operare una distinzione radicale e definitiva tra il **trasferimento all'estero** e il **trasferimento fiscale all'estero** del cittadino italiano.

Del trasferimento all'estero non ci importa un accidente.

Perché è così che la vede il fisco.

E voi dovete imparare a pensare come il fisco, se ve ne volete liberare.

Di fatto, si potrebbe dire che anche un turista risiede all'estero.

Anche uno di questi *hippies* digitali scriteriati che si vantano di stare un mese qui, un anno là (con quali soldi non si sa) e imperversano sul *web*, può dire di essersi trasferito all'estero.

Ma questo significa solo aver comprato un biglietto aereo ed essersi recati su una spiaggia caraibica scattandosi *selfie* mentre si dice di "fare *business*" a un pubblico di babbioni.

Il nomade digitale lo si *può* fare.

Ma bisogna *saperlo* fare.

Sennò è roba da avanspettacolo.

Torniamo alle cose serie.

La residenza fiscale all'estero implica una **situazione contributiva** nel nuovo Paese.

E la situazione contributiva nel nuovo Paese discende da fatti **produttivi di reddito**.

Quindi, se una persona lavora all'estero o fa impresa all'estero, e, in conseguenza di questo fatto, produce un reddito, dovrà naturalmente sottostare alle regole contributive del Paese in cui risiede.

E fin qui ci siamo.

Qual è l'anomalia italiana?

L'anomalia italiana è quella per cui se tu produci reddito all'estero, lavorando o facendo impresa, è possibile che questo non ti salvi dal fisco italiano.

Mi si può obiettare che questo accade in tutti i Paesi che adottano il principio della tassazione globale e che, quindi, l'Italia non fa nulla di diverso dagli altri Paesi.

Rispondo che il principio adottato è una scelta di politica fiscale.

Ma l'applicazione che ne fa l'Italia è un altro discorso.

È difficile trovare, nel panorama mondiale, un'amministrazione fiscale più feroce di quella italiana.

Pur di attrarre al fisco italiano i redditi prodotti all'estero, sono capaci di verificare se una persona va a trovare un paio di volte all'anno i genitori in Italia e contestargli la residenza fiscale, affermando che i suoi interessi personali sono in Italia e non nel Paese estero. Motivo: è andato a trovare i genitori, l'evasore!

La cosa finisce davanti ai giudici, a volte arriva fino alla Cassazione e il fisco fortunatamente, anche se non sempre, perde, perché trova giudici dotati di senno.

A volte, invece, le cose vanno diversamente.

Basta, infatti, una disattenzione, un bonifico, l'acquisto di un immobile o la partecipazione ad attività ricreative e può scattare l'accertamento.

Tanto più se vivete in un paradiso fiscale.

Sfruttando anche i minimi dettagli della vita personale di chi ha commesso l'errore di lasciare la palude italiana, il fisco arriva a considerare residente fiscalmente in Italia il cittadino italiano che vive all'estero.

E, di conseguenza, tasserà anche i redditi prodotti all'estero come lavoratore dipendente, come impresario o come professionista.

Per evitare questa aberrazione fiscale, l'unica possibilità è quella di **recidere i rapporti** con lo Stato italiano.

E questo avviene solamente se la produzione di reddito all'estero è collegata a una configurazione fiscale che prescinde dal territorio italiano.

Quindi, non basta semplicemente trasferirsi e lavorare o fare impresa all'estero.

Certamente questi sono degli indici importantissimi di separazione dallo Stato italiano.

Ma potrebbero non bastare.

La separazione si ottiene attraverso una operazione chirurgica.

Bisogna individuare tutti i legami con l'Italia e tutti i legami con il Paese estero.

Rafforzare i secondi e asportare i primi.

Ecco perché, ripeto, è importante soffermarsi sull'importanza di ricorrere all'assistenza di un professionista **prima** di prendere qualunque decisione.

Perché con il fisco italiano non si può giocare d'azzardo.

Si può sfuggire magari al controllo, ma la certezza non esiste, anzi.

Bisogna giovarsi della guida di chi si occupa di queste materie, invece di dare retta all'amico del circolo di bocce.

Io sono uno di questi e anche se dopo aver letto questo libro, non sarai un fiscalista internazionale, avrei perlomeno gli strumenti per capire cosa significa trasferirsi all'estero evitando rogne con il fisco.

Ecco perché è fondamentale comprendere i requisiti in base ai quali una persona può dirsi residente fiscalmente in Italia.

Perché, qualora la persona si fosse trasferita all'estero e questi requisiti non ricorressero, saremmo in presenza di una liberazione dal fisco italiano.

IV

LA RIVOLUZIONE COPERNICANA DELLA FISCALITÀ

Quando Immanuel Kant decise di scagliarsi contro le fondamenta metafisiche della nuova scienza, scelse la locuzione "rivoluzione copernicana" per rendere chiaro che si trattava di mettere sotto accusa i capisaldi della grande filosofia del Seicento.

L'Illuminismo imperava e bisognava tracciare le nuove linee guida.

Quando il governo italiano decise che era ora di chiudere i ponti con il passato e inaugurare una nuova era della fiscalità internazionale, facendo dell'Italia uno specchio dei più recenti sviluppi in tema di residenza fiscale delle persone fisiche e delle persone giuridiche, si parlò di un adeguamento alla prassi internazionale, di una recezione delle magnifiche dottrine e progressive elaborate dai più ingegnosi cenacoli di giureconsulti.

Insomma, una rivoluzione copernicana.

Il punto è che, nel governo italiano, di Kant non ce ne sono.

E il risultato non poteva essere se non quello di un fiasco annunciato.

La riforma della fiscalità internazionale è un papocchio.

Ma bisogna sporcarcisi le mani.

Perché non c'è altra scelta.

Nessun Kant verrà a mettere le cose a posto.

E il fisco farà quello che ha sempre fatto: contribuire all'immiserimento e al decadimento irrevocabile di un Paese ormai irrimediabilmente minato dal cancro della burocrazia, degli apparati. In una parola: dallo Stato.

E vediamola, allora, questa rivoluzione.

Nel presentare questo capolavoro, prescinderò dalla distinzione accademica tra requisiti formali e sostanziali, di cui poco ci importa in una prospettiva eminentemente pratica, come quella che ispira queste pagine.

Noi dobbiamo comprendere **il senso** dal testo previsto dalla **riforma fiscale** entrata in vigore il primo gennaio del 2024.

Il testo della riforma che ci interessa afferma questo:

> Ai fini delle imposte sui redditi si considerano residenti le persone che per la maggior parte del periodo d'imposta, considerando anche le frazioni di giorno, hanno la residenza ai sensi del codice civile o il domicilio nel territorio dello Stato ovvero sono ivi presenti. Ai fini dell'applicazione della presente disposizione, per domicilio si intende il luogo in cui si sviluppano, in via principale le relazioni personali e familiari della persona. Salvo prova contraria, si presumono altresì residenti le persone iscritte per la maggior parte del periodo di imposta nelle anagrafi della popolazione residente.

La riforma ha decisamente modificato il testo previgente, in peggio.

E siccome l'analisi comparativa con quest'ultimo, che pur fornirebbe degli spunti di riflessione importanti, non sarebbe del tutto proficua per i nostri fini, tralascerò questo genere di considerazioni, a meno che non risultino indispensabili, anche perché mi sono espresso in proposito in molti articoli presenti sul *web* e in decine di video sul mio Canale YouTube.

È preferibile seguire qui una strada più diretta.

Quello che dobbiamo fare è procedere a uno smembramento di queste disposizioni per capire come dobbiamo fare per trasferirci fiscalmente all'estero senza problemi.

Naturalmente, ribadirò fino alla noia che quanto andrò dicendo in questo libro, non vi esime dalla consulenza con un professionista, per la semplice ragione che quello che io vi darò in questo testo è la cornice del quadro.

Il quadro in sé, invece è diverso per ogni persona.

Quindi, considerare come riferimenti assoluti i criteri a cui farò riferimento non è una mossa vincente.

Perché il quadro lo dovete dipingere con il professionista.

Diversamente, i guai vi aspettano dietro l'angolo e ve lo dico per esperienza professionale diretta.

Poi è anche vero che ci sono professionisti e professionisti.

Ma io posso parlare solo per me e per me parla ciò che ho fatto e faccio.

Andiamo a vedere, in prima battuta, su che cosa insistono queste geniali disposizioni della nuova normativa fiscale.

La legge prevede:

1) Il calcolo delle **frazioni di giorno** per il calcolo del periodo di imposta;

2) La **presenza in Italia** per la maggior parte del periodo di imposta;

3) La nozione civilistica di **residenza**;

4) Il concetto di **domicilio** rivisitato e corretto;

5) Prova contraria in ambito **A.I.R.E.**

A parte il contentino dell'A.I.R.E., di cui dirò tra breve, il capolavoro del governo è stato quello di scarabocchiare su una nozione di domicilio fiscale ripresa dal nostro codice civile, che forniva una chiara nozione di ciò che si intende con il termine domicilio.

Non solo. La Cassazione, con decenni di sentenze, aveva affinato il concetto di domicilio stabilito dal codice civile per adattarlo alle fattispecie riguardanti la residenza fiscale degli italiani trasferitisi all'estero e accertati, con alterne fortune, dall'Agenzia delle Entrate.

In uno slancio internazionalistico, il governo ha deciso però di cambiare tutto, vedremo con quali risultati.

Per fortuna, in un momento di lucidità, si è deciso di lasciare intatta la nozione di residenza.

Mentre, per quanto riguarda l'A.I.R.E., la soluzione è stata quella di dare un colpo al cerchio e uno alla botte, salvando il contribuente da assurde presunzioni assolute ma castigandolo, al contempo, per mancate dichiarazioni comunali o consolari.

Ho elencato sopra cinque punti, seguendo la successione prevista nel testo di legge.

Ma non seguirò quella scaletta, perché il punto n. 4, quello riferito al domicilio, è quello che richiede più attenzione.

Il **domicilio fiscale** è, infatti, l'asse su cui ruota tutta la vostra configurazione fiscale. Mentre gli altri elementi contribuiscono a definirla senza determinarla, come la permanenza in Italia per la maggior parte del periodo d'imposta o l'iscrizione all'A.I.R.E.; oppure sono contigui alla nozione di domicilio, nel caso della residenza.

Quindi, al domicilio ci dedicheremo dopo aver dedicato il necessario spazio alle questioni-satellite: il requisito temporale della presenza in Italia per la maggior parte del periodo d'imposta, quello dell'iscrizione all'A.I.R.E. e la residenza.

V

FISCALITÀ E TEMPO

Sebbene la fiscalità, per come viene dai più concepita e praticata, nonché normativizzata, non presenti le implicazioni ontologiche dell'essere teorizzato da Heidegger, non si può negare che, seppur per scopi decisamente più prosaici, di un esser-ci bisogna pur tener conto, quando si pongano al vaglio i requisiti della residenza fiscale.

Ora, posto che nell'ontologia heideggeriana vale solo l'esistenza dell'uomo concreto come ente dinamico, e nessuna importanza riveste la presenza (osservazione che tornerà utile più avanti), se ne deduce che una corretta configurazione fiscale dovrebbe tener conto di ciò che facciamo, Heidegger direbbe della nostra *fatticità*.

Ovvero, di come conduciamo le nostre relazioni personali e patrimoniali con un dato intorno, nella fattispecie il territorio dello Stato.

In questo modo, la fiscalità delle persone sarebbe determinata da requisiti dinamici e sostanziali, non statici e presentisti.

Sarebbe un bel salto di qualità per qualsivoglia architettura fiscale.

E invece no.

Il legislatore italiano ha scelto la via della presenza.

Heidegger non riconosceva dignità ontologica alla presenza, perché anche una pietra è presente.

L'uomo esiste. È un altro film.

Ma siccome per il fisco il contribuente non è l'uomo che produce e manda avanti la baracca denominata Stato – di cui il fisco altro non è che il profeta – ma numero, cosa, pietra da scalciare (previa analisi del quadro RW) ecco che torna alla ribalta la presenza.

Chi dovesse essere presente sul territorio italiano **per la maggior parte del periodo d'imposta**, è considerato fiscalmente residente in Italia.

Non serve altro.

Ecco il capolavoro presentista del riformatore fiscale.

Infatti, la legge ora prevede che si sia considerati fiscalmente residenti in Italia anche se si è **presenti sul territorio nazionale**: "ovvero sono ivi presenti".

Nella formulazione precedente questo inciso non c'era, in quanto la residenza fiscale dipendeva dal tempo trascorso in Italia più la residenza o il domicilio.

Con questo "ivi presenti" è sufficiente il mero computo del tempo.

Se il signor Rossi, non ha interessi in Italia, non ha una dimora abituale perché ama frequentare ostelli o dormire in macchina quando torna in Italia, se si distrae e si ferma più di sei mesi in Italia, gli tasseranno i redditi prodotti nelle Barbados, dove vive senza pensieri, lontano dall'infelice Italia.

Questo è.

Non ci aspettavamo un Heidegger tra i riformismi, ma nemmeno piazzate senza alcun senso come questa.

La mera presenza sul territorio italiano come criterio per l'attribuzione della residenza fiscale è fuori da ogni logica, come solo in un Paese che ha 2000 e passa leggi e leggine in ambito fiscale poteva succedere.

Per quanto riguarda, invece, quanto di ancora accettabile rimane nelle prime battute del testo della riforma che ci occupa, quel **per la maggior parte del periodo d'imposta** significa **183 giorni** (184 se l'anno è bisestile).

In assenza di ulteriori specificazioni, questi 183 giorni possono essere calcolati anche in modo non continuativo.

Sia che voi rimaniate in Italia per sei mesi di fila, sia che vi ritorniate di tanto in tanto, se cumulate sei mesi, siete comunque residenti fiscali in Italia (salvo le eccezioni di cui dirò a breve).

Perché proprio sei mesi? Lo ha deciso l'Agenzia delle Entrate ed è diventata una consuetudine. Quindi non vi affannate a cercare un riferimento normativo: non c'è.

Piuttosto, assume rilievo la circostanza che sono state introdotte le **frazioni di giorno**.

Cosa significa?

Nemmeno in questo caso abbiamo una legge.

Ma c'è una circolare ministeriale del lontano '96 che fa luce sulla questione.

Riporto il testo di interesse, in modo che ognuno possa sbizzarrirsi con i calcoli. Anche se sarebbe bene sbizzarrirsi solo per gioco, perché se vi trovate concretamente nella condizione di dover calcolare le frazioni di giorno, vuol dire che siete al limite dei sei mesi. E non vi consiglio di trovarvi in questa situazione.

Questo è il testo che dovete prendere come riferimento:

> Nel computo dei giorni utili alla determinazione del maggior periodo di imposta devono essere compresi le frazioni di giorno, il giorno di arrivo, il giorno di partenza, i sabati e le domeniche che vengano trascorsi nello Stato in cui l'attività viene esercitata, i giorni festivi che vengano trascorsi nello Stato in cui l'attività è esercitata, i giorni di ferie goduti nello Stato in cui l'attività lavorativa è esercitata (sia prima dell'esercizio dell'attività, che durante l'esercizio dell'attività, che dopo la cessazione dell'attività), le brevi interruzioni all'interno dello Stato in cui le attività sono svolte, i congedi per malattia, a meno che la malattia non impedisca alla persona di lasciare il Paese quando avrebbe avuto, altrimenti, diritto a essere ivi esonerata dall'imposizione sui redditi da attività di lavoro dipendente. Devono essere esclusi dal conteggio il tempo trascorso nel Paese in cui le attività sono esercitate, il transito tra due luoghi situati al di fuori di detto Paese, se la durata è inferiore a 24 ore; i giorni di ferie passate al di fuori del Paese in cui sono svolte le attività; le brevi interruzioni (per qualsiasi motivo avvengano) che hanno luogo al di fuori del Paese in cui si esercita l'attività.

Buon divertimento.

La regola dei 183 giorni conosce anche delle **eccezioni**.

È infatti possibile una imposizione fiscale *frazionata*.

Ciò si verifica quando, in base a Convenzioni bilaterali stipulate dall'Italia con altri Paesi, si viene tassati in Italia, o nell'altro Paese, per il tempo di permanenza corrispondente.

Convenzioni del genere l'Italia ne ha firmate, per es. con la Germania e la Svizzera.

Ma si tratta, appunto, di eccezioni.

Normalmente, la residenza fiscale è una.

Consiglio, quindi, di farvi bene i conti, quando tornate in Italia.

Se il fisco si accorge che siete rimasti in Italia per più di sei mesi, citare Heidegger davanti alla Corte di Giustizia non vi servirà.

VI

RESIDENZA E RESIDENZA FISCALE

La Riforma, forse per inconscia consapevolezza dei suoi redattori, avendo già scombussolato a sufficienza quei pochi punti certi che contribuivano a determinare la residenza fiscale, ha mantenuto fermi alcuni concetti.

Come il concetto di **residenza**.

Nell'ordinamento italiano la residenza è definita dal codice civile.

E si determina a partire da valutazioni **di fatto**.

Ossia, si è residenti in un dato luogo se in quel luogo si **permane**.

Ma non basta.

Io posso anche permanere in un Motel.

Perché io sia considerato residente in quel Motel, devo svolgervi la mia vita, devo farne la mia **dimora abituale**, deve essere il luogo che io chiamo "casa".

Attenzione: la predilezione per il Motel non deve essere qualcosa che voi *ritenete*. Al contrario: un eventuale terzo che volesse farsi i fatti vostri (leggi: il fisco) sorvegliandovi, dovrebbe poter dire che **senza dubbio** voi avete la vostra dimora abituale nel Motel.

Ora, perché insisto sulla questione del Motel?

Perché la residenza non va confusa con un **indirizzo**.

È un aspetto fondamentale.

Facciamo un esempio.

Dopo anni di soprusi da parte del fisco italiano, un tizio di Isernia si stufa e decide di trasferirsi in Portogallo.

Ha letto su Internet che ci sono esenzioni per i residenti non abituali e tanto basta. Soldi con consulenti e avvocati non ne spende perché è un cittadino del mondo e se la sbriga da solo.

Così va in un sobborgo di Lisbona, fitta uno sgabuzzino e riparte per l'Italia in macchina, sperando di non incontrare posti di blocco per non essere registrato.

Arrivato a Isernia, continua la sua vita come sempre, cercando magari di non dare troppo nell'occhio.

Il piano è non pagare le tasse, utilizzando il regime portoghese, mentre vive tranquillamente in Italia, grazie alla residenza di Lisbona, lo sgabuzzino di cui sopra.

In altre parole, la residenza fiscale sarebbe giustificata dall'indirizzo spiccio che si è procurato.

Ora, qui non darò un giudizio su questa geniale pianificazione, perché, per lavoro, purtroppo, devo venire in contatto con intelletti deboli e vorrei preservare il bianco di queste pagine da materiali di un altro colore.

Mi limito a farvi notare che, in base alla nozione civilistica di residenza, che ho riportato prima, l'intraprendente fiscalista dello sgabuzzino di Lisbona non ha fatto altro che comprarsi un indirizzo (ed è già tanto che il soggetto in questione si sia recato personalmente a Lisbona, perché, per i più pigri, c'è la possibilità di comprare indirizzi direttamente da casa presso traffichini digitali).

Ma abbiamo visto che occorre anche una permanenza. E che questa permanenza deve essere riconoscibile all'osservazione di un terzo.

L'affitta sgabuzzini vive però a Isernia.

Qualcosa non torna.

Devo spiegarvi perché questa mente superiore rischia grosso?

Chiarito che residenza e indirizzo sono due cose diverse, dobbiamo fare un passaggio in più.

Come ho detto, quella di cui stiamo parlando è la residenza definita dal codice civile.

E la riforma la richiama.

Ma non è sufficiente che la residenza risponda ai requisiti sin qui richiamati.

Dobbiamo aggiungere un tassello: il tempo (v. capitolo V).

Perché la residenza del codice civile valga in ambito internazionale è necessario che la permanenza riconoscibile in un dato alloggio si prolunghi per 183 giorni (o 184, negli anni bisestili) secondo le regole viste nel capitolo precedente.

Pertanto, se voi in Italia ci restate due mesi all'anno, e, verosimilmente, non andate a dormire sotto un ponte, il luogo presso cui alloggerete abitualmente è, in termini civilistici, la vostra residenza.

Ma non determina una residenza fiscale in Italia.

Perché voi, dopo i due mesi, tornate nel Paese estero in cui avete fissa dimora (anche se questa, da sola, non basta, come vedremo appresso).

Vale la pena qui precisare che, quando si parla di fissa dimora, non dobbiamo intenderla come un carcere.

Potete andare dove volete, ci mancherebbe.

Ma quella dimora deve essere riconoscibile come il luogo a cui fate ritorno abitualmente.

Lo dico soprattutto per i giovani nomadi digitali, a cui qualche scalzacane fa credere che possono girare il mondo vendendo chincaglieria e risiedendo oggi qui, domani là.

A prescindere dal fatto che vendere chincaglierie e altre frescacce come il *trading* automatico *et similia* sono solo la riproposizione in chiave contemporanea dell'antico miraggio del guadagno facile senza mettere a dura prova il proprio fondoschiena, con risultati intuibili, ammesso anche che si riesca ad abbindolare qualche fesso, c'è sempre il problema della residenza. I geni del nomadismo digitale non mi hanno mai saputo spiegare come si difenderebbero qualora il fisco scoprisse i loro giri e loro non potessero fornire una residenza, nel senso in cui l'ho spiegata fino a ora.

Ma lasciamo i cittadini del mondo alla loro vita da sogno e torniamo alla realtà.

Dunque, voi avete bisogno:

1) di una residenza reale;

2) di una residenza reale che permanga nel tempo.

A questo punto, ricevo in genere la domanda: va bene, ma questa residenza reale nel Paese estero devo mantenerla per più di 183 giorni per non essere considerato residente fiscale in Italia?

Risponderò più avanti, perché la risposta dipende anche dalla comprensione del concetto di domicilio fiscale.

Portate pazienza.

Torniamo alla nostra residenza e chiariamo che quando parliamo di residenza fiscale, certamente questo concetto include quello di residenza di cui abbiamo parlato sin qui.

Ma non si limita alla sola residenza del codice civile sommata alla permanenza o meno in Italia per 183 giorni.

Infatti, dobbiamo prendere in considerazione anche il domicilio fiscale, oltre alla residenza.

E anche un altro requisito, con cui gli italiani hanno un rapporto di amore e odio: la famosa iscrizione all'A.I.R.E.

Siccome il domicilio fiscale è un concetto centrale, ma anche complesso, preferisco trattarlo per ultimo.

Mi dedicherò, invece, nel capitolo che segue, alla 'grande' questione dell'A.I.R.E.

VII

A.I.R.E.

Ho intitolato questo capitolo semplicemente A.I.R.E. perché quando si parla dell'Anagrafe degli italiani residenti all'estero, l'A.I.R.E. appunto, si ha l'impressione di avere a che fare con una specie di mostro biblico di fronte al quale, atteso che non lo si può sconfiggere, bisogna cercare vie di fuga. La sigla richiama pure antiche e terrificanti iscrizioni dei primi secoli dell'era volgare.

Per gli italiani, l'A.I.R.E. non ha a che fare con adempimenti formali da soddisfare da parte di chi intende trasferirsi all'estero.

L' A.I.R.E. è una spada di Damocle da evitare a tutti i costi.

L'italiano si iscrive all'A.I.R.E. solo per timore di sanzioni o perché ritiene che la mancata iscrizione possa pregiudicare la sua residenza fiscale all'estero.

La concezione dell'iscrizione all'A.I.R.E. come obbligo per chi si trasferisce all'estero è l'ultimo dei suoi pensieri.

Meno che mai considera l'iscrizione un suo diritto, di cui farebbe volentierissimo a meno.

Ho un piccolo Canale YouTube. I miei video ottengono qualche centinaio di visualizzazioni. Ma se parlo di A.I.R.E. ne ottengo migliaia.

Gli italiani bramano, in definitiva, per sapere se possono evitare di iscriversi all'A.I.R.E. e farla franca.

O, detto in altro modo, vogliono stare con un piede in due scarpe.

Per comprendere le ragioni di tanto astio nei confronti dell'A.I.R.E. e l'improvviso amore per l'Italia che si lascia, ma da cui si vuol essere accolti a braccia aperte quando si ritorna, dobbiamo esaminare le **conseguenze dell'iscrizione all' A.I.R.E.**

Il 99% di queste conseguenze lasciano l'italiano pressoché indifferente.

Dire a un italiano che, a seguito dell'iscrizione all'A.I.R.E. potrà godere di tanti bei **diritti** come: il voto all'estero o il rimborso dell'IVA su alcune merci comprate in Italia; il rinnovo della carta d'identità, del passaporto o della patente presso gli uffici consolari, significa parlargli del nulla. Agli italiani importa un fico secco del diritto di voto (non se ne sono andati forse dell'Italia anche per disaffezione nei confronti della politica?) e del rinnovo del passaporto: quando scadrà si vedrà.

All'Italiano importa solo una cosa: **la perdita del diritto all'assistenza sanitaria** a seguito dell'iscrizione.

Ecco perché l'A.I.R.E. è visto come il male assoluto.

L'emigrante fugge dall'Italia per le tasse, la politica, i servizi, l'assenza di lavoro, ma vuole conservare la Sanità.

Alla Sanità, per quanto mala, l'italiano non vuol rinunciare.

Lo Stato gliela deve, dopo tanti anni di tasse pagate e contributi vari.

Quindi l'iscrizione non si fa.

D'altronde, fino al 2020, gli iscritti all'A.I.R.E. godevano di esenzione IMU e TASI (ma non c'era uniformità di vedute sulla TASI), poi, la legge di bilancio del 2020 ha eliminato l'esenzione perché l'Italia ormai da vent'anni raschia il fondo del barile, quindi non c'è più nemmeno l'incentivo a inscriversi per vedersi riconosciuta l'agevolazione.

Motivo in più per non farlo.

Alcuni ne fanno addirittura un principio.

Non gliela danno, loro, la soddisfazione all'Italia di levargli la Sanità.

Ecco un fulgido esempio di quella mentalità da bottegai che ha permesso agli italiani di tirare su mezza New York e, allo stesso tempo, di sfoggiare una piccineria da eterni miserabili.

La ribellione all'A.I.R.E. è un retaggio della fame atavica dell'italiano.

Prendi tutto ciò che puoi prendere, si dice l'italiano, all'estero e in patria: si tratta dell'antica arte di arrangiarsi mista a una luciferina soddisfazione per aver fregato lo Stato.

Anche perché, prosegue l'italiano nel suo dialogo interiore, per quale ragione devo ufficializzare la mia posizione all'estero? Perché devo avvisare il Comune di Bellinzona che vivo a Trinidad e Tobago? Metti che poi voglio tornare, mi toccherebbe fare la cancellazione, troppa fatica.

Intanto, non pago le tasse nel paradiso fiscale. E se torno in Italia e mi fa male lo stomaco, io voglio essere visitato dal mio medico di famiglia come sempre. Cos'è questa storia che devo rinunciare al medico di famiglia? Nemmeno per scherzo.

Questo è l'italiano.

Un misto di indolenza, fatalismo e rassegnazione cattolica, come disse bene Enzo Biagi.

Cosa volete che dica io a questi personaggi, quando me li ritrovo in consulenza?

Così è, se vi pare, dico loro.

Naturalmente, è mio dovere professionale, mettere al corrente queste persone di come stanno le cose dal punto di vista fiscale e legale.

Altro non posso fare. Non posso cambiare una cultura.

E in effetti, di cose da dire, dopo la riforma, ce ne sono.

Le modifiche volute dal governo, non hanno cambiato, ovviamente, l'atteggiamento dell'italiano all'estero, ma hanno generato confusione, perché si è sparsa la voce sul *web* e al bar, che ora non funziona più come prima.

Il risultato delle chiacchiere da cortile ha prodotto una serie di malintesi e dubbi che, se da un lato, permettono a chi fa il mio lavoro, di fare qualche consulenza in più, dall'altro testimoniano l'insostenibile leggerezza dell'essere italiani.

Mi si chiede se ci si deve iscrivere; se, iscrivendosi, si ottiene la residenza fiscale; se, dal momento che non ci si è mai iscritti, succede qualcosa se ci si dovesse iscrivere ora.

Si danno casi in cui queste sono le preoccupazioni più opprimenti.

A chi importa cambiare vita e realizzare qualcosa in un altro Paese, apprendere altri modi di intendere l'esistenza o conoscere nuove culture?

Importa sapere se si può fregare il fisco senza iscriversi all'A.I.R.E. e vivere sereni.

Non mi resta, a questo punto, che illustrare i cambiamenti avvenuti a partire da quest'anno in tema di iscrizione all'A.I.R.E. e sperare di far recuperare qualche ora di sonno a chi lo perde per colpa della tremenda Anagrafe.

Vediamo cosa ci dice la legge.

La legge ci dice che **si presumono residenti** le persone iscritte per la maggior parte del periodo di imposta nell'A.N.P.R., ossia l'Anagrafe Nazionale della Popolazione Residente, **salvo prova contraria**.

In altre parole, la persona vive all'estero ma non si è iscritta all'A.I.R.E.

E qui la legge stabilisce una presunzione di residenza in Italia per chi risulta iscritto all'A.N.R.P.

Ma è possibile dimostrare il contrario. Bisognerà cioè provare che si risiede all'estero.

Ora, se la mancata iscrizione all'A.I.R.E. si è verificata **prima del primo gennaio 2024**, abbiamo un problema.

Infatti, in tal caso, il fisco (e i giudici) si rifaranno alla normativa previgente.

La normativa previgente prevedeva una **presunzione assoluta** di residenza fiscale in Italia per chi non si iscriveva all'A.I.R.E. per la maggior parte del periodo d'imposta.

Ossia, a prescindere da ogni altra contestazione, chi si trasferiva all'estero, ma non si iscriveva all'A.I.R.E., era considerato residente in Italia.

Poi è vero che, in diverse occasioni, la Cassazione ha mitigato questa applicazione dittatoriale della legge, ma il rischio c'era e, per chi viene accertato per fatti antecedenti al 2024, **c'è ancora**.

Quindi, chi non si è mai iscritto all'A.I.R.E. sappia che, se il fisco gli mette gli occhi addosso, ci sarà da combattere, perché chiederanno l'applicazione della presunzione assoluta, e voi dovrete avere un domicilio fiscale all'estero inattaccabile, un avvocato che sappia il fatto suo e dei giudici disposti a valutare tutti gli elementi e non solo quello della mancata iscrizione.

Come è facile immaginare, non si può affatto scommettere che tutte e tre queste circostanze si verifichino simultaneamente.

Questo è quanto.

Se invece vi siete *scordati* di iscrivervi all'A.I.R.E. a partire dal 2024, non c'è da fare salti di gioia, ma la situazione è meno drammatica.

Infatti, in un raro momento di lucidità, il governo, ma con ogni probabilità i giuristi a cui si sono rivolti, ha deciso di mitigare l'editto bulgaro per chi non si iscrive all'A.I.R.E.

Cosa accade di nuovo da ora in poi?

Accade che la persona può dimostrare che, nonostante sia ancora iscritta alla A.N.P.R., e dunque non si sia iscritta all'A.I.R.E., risiede all'estero.

La legge, infatti, **ammette prova contraria** per chi, sebbene sia stato accertato dal fisco e ritenuto, presumibilmente, residente fiscale in Italia in quanto non si è iscritto all'A.I.R.E., può dimostrare che vive ed ha interessi comprovati all'estero.

Per gli amici intellettuali: siamo passati da una presunzione assoluta a una presunzione relativa.

Quando parlo di vivere all'estero intendo dire che si ha la residenza e il domicilio in un altro Paese. Ci torneremo.

Dunque, se il fisco ci contesta per mancata iscrizione all'A.I.R.E., possiamo adeguatamente difenderci, sempre che ci siano i presupposti per farlo.

E se avrete pianificato con chi di dovere il vostro trasferimento all'estero, i presupposti non vi mancheranno.

Detto questo, devo purtroppo avvertire che la mancata iscrizione all'A.I.R.E. non è immune da conseguenze legali.

Se non ci si iscrive all'A.I.R.E. è prevista una **sanzione amministrativa** da 200 a 1000 euro per ciascun anno di mancata iscrizione.

L'autorità competente all'erogazione della sanzione è il Comune nella cui Anagrafe è iscritto il trasgressore.

La sanzione può essere notificata al massimo **entro 5 anni** dalla mancata iscrizione.

Quindi, se non vi iscrivete all'A.I.R.E. e durante i cinque anni successivi il Comune non se ne accorge e non se ne accorge nemmeno il fisco, la sanzione decade e non vi possono più multare.

Ricordo, a tal proposito, che in base alla legge di bilancio del 2024, i Comuni e l'Agenzia delle Entrate fanno comunella e si scambiano informazioni sulle iscrizioni e cancellazioni d'ufficio dall'A.I.R.E.

Quindi, nonostante l'inefficienza dei Comuni italiani, le comunicazioni sono previste e rimane comunque il radar del fisco.

Perciò non farei affidamento né sull'inefficienza, né sul funzionamento eventualmente difettoso del radar.

Perché se l'Agenzia delle Entrate può castigarvi, lo farà.

Devo ribadire qui quanto già detto a proposito della residenza. L'iscrizione all'A.I.R.E., da sola, non basta per determinare la residenza fiscale all'estero.

Perché questo avvenga bisogna essere in regola con la residenza fiscale.

Allo stesso modo, la mancata iscrizione non impedisce la dimostrazione dell'effettiva residenza all'estero.

Ma se mancano i presupposti del domicilio fiscale e della residenza, non vi salverete dal fisco.

Anche nel caso dell'A.I.R.E., come abbiamo visto per la residenza, occorre mettere in relazione il requisito con l'elemento temporale: dovete essere iscritti all'A.I.R.E. e non essere rimasti in Italia per 183 giorni.

Per coloro che non hanno dichiarato guerra all'A.I.R.E., spieghiamo come effettuare l'iscrizione.

Il passaggio dalla A.N.P.R. all'A.I.R.E. si verifica richiedendo la **cancellazione anagrafica** presso il Comune di residenza in Italia, che procederà all'iscrizione, oppure entro **90 giorni dall'immigrazione**, presentando la richiesta di iscrizione all'A.I.R.E. presso gli uffici consolari italiani nel nuovo Paese, il che comporta una cancellazione corrispondente del cittadino italiano dalle liste della popolazione residente. In entrambi i casi è tenuta a recarsi al Comune o al Consolato la persona che ha intenzione di trasferirsi all'estero per un periodo **superiore ai 12 mesi.**

È importante ricordare che la data dell'iscrizione all'A.I.R.E. decorre **dalla presentazione** della dichiarazione e non dalla ricezione della stessa da parte del Comune di residenza.

Ciò per evitare i disastrosi ritardi, che hanno creato non pochi sconquassi negli accertamenti fiscali, nelle comunicazioni tra uffici consolari e comunali.

Sempre per coloro che vogliono iscriversi, ricordo che, il vuoto incolmabile provocato dalla perdita della Sanità italiana, è parzialmente compensato da un paio di aggiustamenti che vi consentono comunque di ricevere assistenza medica in Italia.

Se vi siete trasferiti in un Paese dell'Unione Europea, potete richiedere una **Tessera Europea di Assicurazione Malattia (TEAM)**, per fruire di trattamenti sanitari urgenti per un massimo di 90 giorni.

Se, invece, vi siete trasferiti fuori dall'Unione Europea, potete richiedere, sempre solo per 90 giorni, l'iscrizione al Sistema Sanitario Regionale, ma senza assegnazione del medico.

Anche in questo caso, potete usufruire solo di prestazioni ospedaliere urgenti.

Non è il massimo per i nostalgici della Sanità italiana, ma trasferirsi all'estero implica, o dovrebbe implicare, almeno nel prossimo futuro, una separazione consensuale dall'Italia. Per eventualmente diventare, con il tempo, un divorzio.

Per tutte queste ragioni, iscriversi all'A.I.R.E. non dovrebbe comportare tutte queste preoccupazioni.

Anche perché potete sempre tornarci in Italia e farvi cancellare dall'A.I.R.E.

Questo sarebbe il ragionamento di una persona normale.

Ma tant'è.

VIII

DOMICILIO FISCALE

Ho scritto parecchi articoli su questioni giuridiche nazionali e internazionali. E, naturalmente, su questioni di fiscalità internazionale. Potete trovarne una buona selezione sul portale *Diritto.it*.

Queste ricerche mi hanno, inevitabilmente, posto di fronte alle sentenze dei giudici, così come di fronte alla cd. dottrina.

Perciò, vi posso assicurare, che la parte della riforma che riguarda il domicilio, darà abbastanza da fare sia ai giudici che alla dottrina.

Riprendiamo l'inciso che ci interessa:

> per domicilio si intende il luogo in cui si sviluppano, in via principale le relazioni personali e familiari della persona.

Il nostro codice civile definisce **il domicilio** come il luogo in cui una persona stabilisce la sede principale dei suoi **affari** e **interessi.**

Si tratta di un concetto che, pur non prescindendo da verifiche di fatto, non va individuato tenendo conto solamente del luogo fisico in cui una persona vive (la residenza).

Perché è chiaro che quest'ultimo può coincidere con il domicilio.

Ma non necessariamente è così.

Immaginiamo che io viva stabilmente a Pordenone.

Ma la mia famiglia e i miei interessi economici sono in Canada.

La mia residenza è a Pordenone, perché è lì che io vivo.

Però i miei affari e interessi si trovano da un'altra parte.

Ecco, quindi, che il domicilio assume connotati diversi dalla residenza. Tecnicamente è un criterio *ascrittivo*.

Ma accontentiamoci di dire qui che residenza e domicilio possono non coincidere.

Per capirci: se io vivo stabilmente a Pordenone per sei mesi all'anno, sono residente fiscalmente in Italia.

E i redditi che produco in Canada li devo dichiarare in Italia, per il principio della tassazione globale (v. Capitolo I).

Opportunamente, la Cassazione, è tornata più volte sulla nozione civilistica di domicilio e ha chiarito cosa debba intendersi per affari e interessi.

Se, com'è intuibile, gli **affari** riguardano la sfera patrimoniale del soggetto, gli **interessi** ricomprendono gli affetti familiari, ma anche i rapporti sociali e gli interessi morali.

I giudici hanno così finito per coniare una formula che racchiude tutti questi elementi e hanno concentrato affari e interessi nell'espressione **centro degli interessi vitali**, per determinare il domicilio del contribuente.

Quest'ultimo va, dunque, individuato nel luogo in cui sono preponderanti gli interessi sia **personali** che **patrimoniali** della persona.

Insomma, per tornare all'esempio dell'amico di Pordenone, per evitare il fisco, farebbe bene a raggiungere la famiglia in Canada.

Ora, il testo della riforma parla di **relazioni personali e familiari**.

Dove sono finiti gli **affari**?

Si è forse trattato di una svista?

No, la cosa è voluta.

Nella relazione che accompagna la riforma si legge infatti: "l'inserimento nel T.U.I.R. di una definizione specifica di domicilio ha l'obiettivo di ridurre l'ampio contenzioso tributario venutosi a creare negli ultimi anni in virtù del rinvio contenuto nel vigente articolo 2 del T.U.I.R. al domicilio civilistico. Detta semplificazione appare idonea a riflettersi positivamente anche sulle attività di accertamento e di controllo".

Insomma, l'hanno fatto per aiutare giudici e fisco.

La 'nuova' nozione di domicilio potrebbe comportare una riduzione del contenzioso se, per esempio, uno si trasferisse all'estero con tutta la famiglia e, non avendo, quindi, legami familiari in Italia, non potrebbe essere considerato fiscalmente residente nel bel Paese.

Se la persona in questione non avesse alcun interesse economico-patrimoniale in Italia, non si produrrebbero conseguenze diverse da quelle che già si verificavano prima della riforma: nessun interesse in Italia, nessuna residenza.

La novità, invece, sarebbe data dalla presenza in Italia di interessi economico-patrimoniali e dalla loro **irrilevanza** ai fini fiscali, poiché il nostro emigrante, partendo con la famiglia, non ha lasciato in Italia tracce di relazioni familiari.

Chi potrebbe mai credere a una conclusione del genere?

Non foss'altro che per la banale considerazione che il fisco punta a recuperare denari e che, quindi, sono proprio le finanze dell'emigrante che gli interessano di più, la verifica della sussistenza o meno delle relazioni familiari ai fini della residenza fiscale, senza tener conto di quelle economiche, è una pia illusione.

Inoltre, come tranciare di netto decenni di interpretazioni giurisprudenziali, che hanno sempre puntato su entrambi gli aspetti?

Dovremo aspettare un po' per vedere come la prenderanno i giudici, perché la riforma s riferisce agli anni contabili dal 2024 in poi, quindi per gli anni precedenti si utilizzerà il criterio tradizionale.

Ma c'è da scommettere che, a meno che il decreto legislativo non venga modificato, giudici e professori si ingegneranno per far rientrare nel concetto di relazioni personali **anche** gli affari.

Un modo potrebbe essere, per esempio, il richiamo alle Convenzioni contro le doppie imposizioni, ovvero i trattati siglati dall'Italia con altri Paesi per evitare che un contribuente venga tassato due volte, in Italia e nel Paese in cui si è trasferito.

Queste Convenzioni si rifanno a un Modello elaborato dall'O.C.S.E. (Organizzazione per la Cooperazione e lo Sviluppo Economico), che, invece, gli interessi patrimoniali li prende in considerazione e, siccome i trattati internazionali prevalgono sulla legge interna, i giudici potrebbero fare riferimento alla normativa internazionale, nei casi in cui si verificasse una incompatibilità tra il diritto interno e quello dell'Unione.

Il guaio è che le Convenzioni in questione servono per dirimere fattispecie specifiche di doppia residenza fiscale e, quindi, non potrebbero avere applicazione generale.

E in presenza di una applicazione parziale potrebbe scattare l'accusa di incostituzionalità della nuova nozione di domicilio, in quanto porterebbe alla violazione dell'uguaglianza davanti alla legge senza distinzioni, sancita dall'art. 3 della Costituzione e anche del principio di capacità contributiva fissato dall'art. 53 della Costituzione.

Ho messo in campo queste considerazioni tecniche non per appesantire la trattazione, ma perché fosse chiaro che la riforma non solo denota pessima tecnica normativa, il che non sorprende neanche troppo, ma, cosa che a noi interessa molto di più, crea la possibilità di discriminazioni tra contribuenti accertati dal fisco.

Prima che si solidifichi l'atteggiamento dei giudici, e a meno che non intervenga la stessa Agenzia delle Entrate, magari su iniziativa del governo, per districare la questione, la presa in considerazione o meno degli interessi economici, sulla base di forzature interpretative che non tutti i giudici condivideranno, almeno in un primo tempo, provocherà non poche vittime.

L'unica difesa contro questo pastrocchio fatto dal governo è prendere in considerazione, quando ci si vuol trasferire all'estero, tutti i legami con l'Italia, sia personali che economici.

Non bisogna fare affidamento sulla lettera della norma.

Perché non sta in piedi e se avete case e conti in Italia, cosa volete che gli importi se siete andati a vivere a Bali con la famiglia?

Troveranno il modo per incastrarvi, nonostante la legge sembri favorirvi.

Ritorna qui utile ribadire il monito che anima questa trattazione: questo libro è utile, ma quando arriverà il momento di passare all'azione, dovrete rivolgervi a un professionista.

So che molti stanno storcendo il naso e, per dimostrarvi che non ve ne voglio (chi è causa del suo mal pianga se stesso) vi riporto una considerazione di uno studioso che, commentando la nuova nozione di domicilio, riguardo alle **relazioni personali**, si è chiesto cosa diavolo mai voglia dire questo riferimento alle relazioni personali.

Infatti, se anche prima si parlava di interessi personali, ci si riferiva, con questa espressione, a un complesso di elementi da bilanciare per decidere dove uno risiedesse davvero.

Quindi, certamente la famiglia, ma anche le attività ricreative, gli interessi culturali, sportivi, ecc.

Ma parlare di relazioni personali restringe (o allarga) l'interpretazione.

Cosa si intende, infatti, per relazioni personali?

Gli amici, la squadra di calcetto, cosa?

E poi, come valutarle queste relazioni personali?

Devono essere relazioni profonde che durano da anni o basta avere dei conoscenti?

E basta avere solo un amico o bisogna averne tanti?

Non ha forse detto Eraclito che uno vale diecimila se è il migliore?

Insomma, tra strafalcioni normativi ed espressioni infelici, la riforma che avrebbe dovuto semplificare una materia complessa come quella della fiscalità internazionale e addirittura concedere sollievo ai giudici, si dimostra essere l'ennesimo capitombolo di una politica che, per svecchiare la normativa fiscale e darle un respiro internazionale, produrrà solo uno scenario gattopardesco.

Cambiare tutto per non cambiare niente.

IX

COME SI DIMOSTRA IL DOMICILIO FISCALE

Le considerazioni che ho svolto nel precedente Capitolo hanno, credo, messo in evidenza che, quando si parla di domicilio fiscale, bisogna considerare sia la sfera personale che quella patrimoniale di chi intende trasferirsi all'estero.

Quindi, quando una persona viene in consulenza con me, l'analisi che svolgiamo copre entrambi questi ambiti, perché, come abbiamo visto, il governo ha fatto un impiastro e, in casi del genere, la prudenza suggerisce di valutare sempre il peggiore degli scenari possibili.

Se finite sotto il torchio del fisco con la legge attuale, dovete essere anche più corazzati che in passato, perché quello che ha generato il governo è, tecnicamente, un **vuoto di fini**.

Vuoto di fini in diritto significa che ognuno può interpretare a modo suo una norma, dal momento che manca la certezza interpretativa.

Non so se mi sono spiegato.

In caso di accertamento fiscale, se vi siete trasferiti in un ***Paese bianco***, il fisco può presumere che siete residenti in Italia perché non vi siete iscritti all'A.I.R.E.; può sostenere che avete la residenza in Italia; può allegare che i vostri interessi sono in Italia, oppure può combinare variamente questi elementi.

In questo caso, dovete fornire un tipo di **prova negativa**, contrastando, punto per punto, le accuse del fisco.

Se, invece, vi siete trasferiti in un **Paese nero**, il fisco dirà semplicemente che la vostra residenza è fittizia, per principio, perché così stabilisce la legge italiana (v. Capitolo II).

In questo caso, dovete fornire un tipo di **prova positiva**, che dimostri, in buona sostanza, che voi risiedete, a tutti gli effetti, nel paradiso fiscale e che con l'Italia non avete niente a che spartire.

Questo giusto per chiarire come siamo messi con l'Italia.

Dopodiché, paradisi fiscali o meno, gli elementi che compongono la vostra residenza fiscale, sia temporali, che formali e sostanziali, devono essere messi a punto con precisione svizzera.

Non si scherza con quella gente.

Ora, come è noto, prevenire è meglio che curare.

Quindi, non dobbiamo sperare che il fisco non ci accerti, e, in caso lo faccia, correre ai ripari.

La speranza è una virtù teologale.

Ma contro il fisco non vi servirà a niente.

E correre ai ripari non è quello che dovete fare.

Quello che dovete fare è **pianificare**.

Prima di trasferirvi. E non dopo.

Con un professionista. E non da soli.

Sono regole semplici.

Eppure, c'è chi si vanta di pagare le tasse (se richieste) all'estero, per il semplice fatto di essersi iscritto all'A.I.R.E. e aver così dichiarato al mondo che non ha più niente a che fare con l'Italia, persino con la tanto amata-odiata Sanità.

Errore.

Costui sta offrendo su un piatto d'argento la propria condanna al fisco.

Quindi, come si vede, le regole, per quanto semplici, non vengono rispettate.

Non è di mia competenza cambiare la natura di certi cuori ribelli.

Per cui non ho nulla da dire a costoro.

Agli altri, a cui si rivolge questo libro, dico che la prova del trasferimento della residenza insiste, in maniera preponderante, sul domicilio, più che sugli altri requisiti disposti dalla legge.

Infatti, **quanto all'A.I.R.E.**, uno o si iscrive o non si iscrive.

E se non si iscrive, quello che succede ve l'ho già detto.

Quanto alla **residenza**, a meno che non dormiate sulle panchine, non è difficile capire se ci vivete davvero o no in un posto.

A proposito, se ricordate l'esempio che ho fatto nel Capitolo VI sullo sgabuzzino di Lisbona, ecco, quella non è una residenza, è una presa per i fondelli da parte di chi si crede più furbo del fisco.

Qui qualcuno, e giustamente, potrebbe dire: e chi va a controllare se quello di Lisbona nello sgabuzzino ci vive o no? L'Agenzia delle Entrate ci manda un ispettore apposta?

E anche se, per assurdo, lo facesse, quello di Lisbona potrà sempre dire che a lui piace vivere negli sgabuzzini.

Quindi? Qual è il problema con la residenza?

Ve lo spiego io qual è.

Nel Capitolo VI ho immaginato che l'uomo di Lisbona avesse fittato lo sgabuzzino solo per millantare una residenza portoghese, mentre viveva in realtà a Isernia.

In tal caso, anche senza inviare ispettori in Portogallo, l'Agenzia ci mette un secondo a inchiodare l'uomo di Lisbona che tutti i sabati va a fare la spesa in una nota marca di supermercati a Isernia.

Quindi, facciamola più difficile.

L'uomo di Lisbona a Isernia ci torna per tre mesi all'anno e si è persino iscritto all'A.I.R.E.

L'Agenzia delle Entrate lo accerta e lui si difende con la residenza nello sgabuzzino.

Per accertarlo, l'Agenzia deve pur aver raccolto delle prove?

Ha mandato l'ispettore in Portogallo a verificare?

No. Non ne ha avuto bisogno.

Se l'Agenzia decide di stangarvi, può accedere a molte più informazioni di quanto non crediate.

La tecnologia avanza per tutti.

Intanto, potrebbe aver verificato che l'indirizzo fornito in sede A.I.R.E. corrisponde a un negozio di liquori e questo metterebbe abbastanza in crisi l'uomo di Lisbona, che dovrebbe fornire prove davvero solide per giustificare la sua inusuale residenza.

Mettiamo, per ipotesi, che ci riesca.

L'Agenzia allora passa al setaccio i voli.

L'uomo di Lisbona ha fissato la residenza in Portogallo per motivi fiscali, ma poi va e viene dalle Canarie.

Questi continui movimenti rendono difficile centrare la residenza.

Inoltre, quelli dell'Agenzia hanno studiato e hanno scoperto che il Portogallo richiede una permanenza sul territorio di almeno 183 giorni, perché si possa configurare una residenza fiscale.

Ma questi 183 giorni non sono stati cumulati.

Per il Portogallo, l'uomo di Lisbona non è residente fiscale.

L'uomo di Lisbona è, in realtà, un libertino impenitente, che ha ricevuto un'eredità e ha deciso di sperperare tutto facendo il turista perenne.

E non vuole dividere la torta con lo Stato, per questo è andato in Portogallo.

Ma se non è residente fiscale in Portogallo e, a suo dire, nemmeno in Italia, dove risiede questo signore?

L'Agenzia delle Entrate sfodera allora il suo asso nella manica.

Il dissoluto, furbamente, ha portato l'eredità in Svizzera, ma avrà pure un affetto, dei cari in Italia.

Quando l'uomo di Lisbona torna in Italia va a trovare una vecchia zia, nella cui casa soggiorna.

Ecco fatto.

Gli interessi affettivi sono in Italia.

Se il giudice avalla questa costruzione, è finita.

Ora, io vi ho dipinto una situazione rocambolesca, e ci si può divertire ad aggiungere o togliere elementi a questa storia.

Ma la storia dell'uomo di Lisbona deve servire per comprendere che, appigliarsi a una iniziativa singola (l'A.I.R.E., l'alloggio fittizio) non serve a niente.

Perché se voi provate a salvarvi uscendo dalla porta, l'Agenzia delle Entrate farà di tutto per entrare dalla finestra.

Il fisco può giocare su più tavoli.

C'è anche una ragione legale per questo.

Risiede nell'**alternatività dei requisiti**.

Se non vi possono incastrare con il tempo passato in Italia, passeranno alla residenza; se non riescono con quella lavoreranno sul domicilio.

Voi invece non potete giocare su più tavoli.

Dovete giocare su tutti i tavoli.

E tutti dovete dominarli.

Altrimenti fate la fine dell'uomo di Lisbona.

In ogni caso, tornando al discorso della residenza come requisito da provare, a meno che non restiate in Italia sei mesi a casa vostra o di parenti, nel qual caso la casa che avete comprato o preso in affitto altrove non vi salverà, in circostanze meno evidenti, la vostra difesa dovrà poggiare sulla dimostrazione dell'effettivo possesso di un alloggio all'estero, ma, soprattutto, sul radicamento dei vostri interessi vitali nel nuovo Paese.

Quindi io potrei dimostrare che pago la bolletta della luce e del gas per un appartamento a Panama, ma se possiedo degli immobili in Italia, la residenza fiscale potrebbe virare verso l'Italia.

Allo stesso modo, potrei avere a disposizione una abitazione a Novedrate, ma svolgere, in forma continuativa, una professione all'estero o esercitare attività commerciale nel Paese in cui mi sono trasferito e, in questo caso, la situazione può volgersi a mio favore.

Ancora, la presenza di locali in Italia, da cui ricavo reddito perché li fitto, non fanno di me, necessariamente un residente fiscale in Italia: anche se dovrò dare conto di questi miei redditi, perché sono stati prodotti in Italia. Se sono emigrato all'estero con la mia famiglia e ho iscritto i miei figli in istituti scolastici locali, è probabile che il fisco debba fare dietro-front.

Questa casistica, che fa riferimento a casi reali – non cito le sentenze perché qui io non ho intenzione di fare accademia e a voi non importa nulla di sapere che la cosa è stata detta in tale data dal giudice di merito o di legittimità – ci porta a ritenere, ancora una volta, che, sebbene la residenza e il domicilio di una persona, benché tecnicamente distinguibili, siano fattori che necessariamente si intersecano l'una con l'altro, è al domicilio che dobbiamo prestare la massima attenzione, proprio perché non è limitato al luogo in cui si vive, ma riguarda l'insieme delle relazioni che ci riguardano.

Se la residenza è la mia dimora abituale, quello che faccio dentro e fuori la dimora ha a che fare con il domicilio.

X

IL FISCO INVISIBILE

Ma come è possibile?
Mi sono persino iscritto all'A.I.R.E.!
Ma se lavoro all'estero da cinque anni?!
Sono sposato da anni con un olandese!
Per due conti che ho in Italia!
Queste sono solo alcune delle reazioni che gli italiani trasferitisi all'estero hanno quando ricevono la sgradita visita del fisco, al quale poco importa se lo lasciate passare.
Lo farà lo stesso.
Anzi, lo ha già fatto.
Mentre voi facevate i nomadi digitali a Tbilisi.
La prima reazione è sempre di stupore, seguita certo da una rabbia montante per l'inquisizione fiscale italiana.
Ma all'inizio, l'italiano cade sempre dalle nuvole.
Ha fatto tutto ciò che doveva fare e ora il fisco se la prende con lui.
Si sente ingiustamente perseguitato dal potere, dallo Stato, dall'Italia, da tutto, eccetto che da se stesso.
Perché se avesse fatto davvero tutto ciò che doveva fare non si ritroverebbe tra le grinfie del fisco.
E quando si è già tra le grinfie del fisco, il gioco si fa duro.
E, molto spesso, a uscirne con le ossa rotte non sono gli inquisitori.
Ora, qui c'è un primo aspetto da considerare è che giova ripetere: dovevate agire prima.
Come?
Pianificando il trasferimento all'estero.
Con chi?
Con un professionista.
Non con Google, non con l'intelligenza artificiale, non con una di queste mezze tacche che si inventano una professione dall'oggi al domani sul *web*.

Beninteso, non che molti non richiedano effettivamente consulenze.

Ma qui sorge un altro problema tipico dell'italiano: il pagamento.

L'italiano vuole la consulenza gratis.

Ci sarebbe da scriverci un libro.

Ma mi limito a riferirvi quanto accadutomi proprio prima di iniziare questo Capitolo, che ci crediate o meno.

Un tizio che ha, a suo dire, quote societarie in diverse società, italiane ed estere, e ha accumulato un discreto patrimonio, invia una *mail* alla segreteria, che mi informa celermente della missiva, descrivendo la sua situazione, il suo status familiare e persino cosa avrebbe pensato di fare. Vuole sapere da me come comportarsi per proteggere il suo patrimonio e non essere scovato dal fisco.

Voi cosa fareste?

Vi mettereste a scrivere una mail chilometrica, perché la faccenda è ingarbugliata e non vi porterà via dieci minuti, o fate fissare dalla segreteria una consulenza? Anche perché il tizio "non vuole essere scovato" e quindi forse è il caso di parlarne a quattr'occhi?

Vi dico cosa farò io: lo invito, attraverso la segreteria, a compilare un bel questionario, dove mi spiega per bene chi è e cosa fa, poi mi firma un bell'accordo di riservatezza e una lettera di incarico, dove gli faccio presente la mia richiesta di onorario a fronte del mio tempo e della mia competenza.

Vi dico anche cosa succederà.

Dopo tanti anni riconoscerei uno scroccone anche con la nebbia in Val Padana.

Niente. Non succederà niente.

Sparirà e non ne sentirò più parlare.

Farà il giro delle sette chiese finché gli venderanno un "pacchetto tutto incluso", compresa la fregatura.

Che volete che vi dica?

Ognuno ha la sua croce.

Quindi, la prima cosa da fare è mettersi una mano sul cuore (anche se con il fisco bisognerebbe tutelare altre parti del corpo) e una nel portafoglio.

Eppure, Mario Rossi che si iscritto all'A.I.R.E. e vive in Danimarca, o Paolo, che non si fa fregare lui, e l'iscrizione all'A.I.R.E.

non la fa, ma si è aperto un conto all'estero, si meravigliano che l'Agenzia delle Entrate li abbia "scovati", per usare la metafora del passante poc'anzi citato.

E diciamocelo pure, se utilizziamo il punto di vista non del professionista, per cui certe cose sono scontate, ma quello dell'uomo della strada, come si diceva una volta, un po' di meraviglia, insieme a Mario e Paolo, la proviamo anche noi.

Perché, in fondo, Mario e Paolo dall'Italia se ne sono andati.

Hanno fatto perdere le loro tracce.

Come è possibile che l'Agenzia delle Entrate li abbia trovati?

E, soprattutto, perché li ha cercati?

Per rispondere alla prima domanda devo svelarvi un segreto, come quelli che vendono il metodo per tradare come una volpe di Wall Street, solo che in questo caso vi dirò la verità e non una panzana.

Vedete, non siamo più negli anni '50.

Non c'è più l'ispettore del fisco con l'impermeabile e il borsalino dietro il muro di mattoni che vi spia, se mai ve ne fu.

Siamo ormai nell'era del Big Data.

Ora vi faccio venire un po' di mal di testa, ma è necessario.

Vedete, le informazioni oggi a disposizione dell'Agenzia delle Entrate, non si basano più solo sui famosi controlli incrociati fatti di scartoffie e rapporti della Guardia di Finanza.

Oggi esistono tecnologie impensabili solo dieci anni fa.

L'Agenzia delle Entrate si è evoluta.

Oggi fa **Data Mining**.

Ossia, analizza una marea di dati, provenienti da molteplici fonti, attraverso tecnologie che forniscono modelli per identificare tipologie di contribuenti e di operazioni in modo da poter fare previsioni sul comportamento, per esempio, di contribuenti ad alto rischio di evasione o per avere a disposizione schemi e relazioni tra i dati, che permettono di individuare anomalie nelle dichiarazioni dei redditi o spese non coerenti con i redditi dichiarati.

Ecco alcune cosette che fa l'Agenzia.

Spulcia continuamente i dati dell'**Archivio dei Rapporti Finanziari**.

Praticamente è l'*Instagram* dell'Agenzia delle Entrate.

Solo che mentre voi perdete tempo a guardare qualche fesso che ride senza motivo da una lontana spiaggia, quelli guardano gli *screenshot* che gli inviano le banche sui conti, le carte di credito, le operazioni finanziarie.

E, con queste belle fotine, tracciano flussi di denaro ritenuti sospetti, analizzano transazioni anomale o inusuali, confrontano i dati che arrivano da Stati che cooperano in tema di **CRS** (lo scambio di informazioni finanziarie tra Stati che firmano trattati per farsi i fatti vostri), e tanto altro.

L'Agenzia delle Entrate – ebbene sì! – usa l'intelligenza artificiale.

E, come potrete immaginare, non si tratta della versione gratuita di Chat GPT.

Questi utilizzano **algoritmi di intelligenza artificiale** estremamente potenti, in grado di identificare comportamenti fiscali sospetti in modo automatizzato, analizzando una enorme quantità di dati, tra cui i conti correnti, l'acquisto degli orrendi copricapi oggi di moda che però costano decisamente troppo per Giuseppe il falegname, le proprietà immobiliari, i movimenti da e per l'estero.

Inoltre, per tornare all'esempio di Instagram, l'Agenzia vi spia sui ***social media***.

Le foto pubblicate, i *post* sui viaggi e sugli acquisti, forniscono indicazioni preziose sul vostro stile di vita e sulle vostre abitudini di spesa.

L'aveva già capito Leopardi che l'essere umano è dominato dalla *vanitas vanitatum*.

Ma Enzo di Gallarate, che si ritrova con 300.000 euro di Bitcoin, cosa volete che se ne freghi di Leopardi.

Lui posta la foto con il giubbetto di Prada e le mani al cielo.

Ignaro che, a parte gli amici del padel, c'è qualcun altro, o meglio, *qualcos'altro*, che lo guarda.

A proposito di Bitcoin, l'Agenzia, che fino a qualche anno fa non sapeva cosa fosse e cosa si potesse fare con la *blockchain*, sta comprando tecnologia di **rilevamento delle criptovalute**.

Non solo.

Gli *exchange* che tanto amate e da cui vi sentite protetti, collaborano di buon grado con l'Agenzia.

Pensateci: cosa importa a un *exchange* se voi venite accertati e vi portano in tribunale perché non avete dichiarato le cripto?

Sono piattaforme di transito, il loro guadagno l'hanno già avuto, non gli frega nulla di voi.

Inoltre, devono fare i loro interessi, preferiscono spifferare dati che avere dei ficcanaso alle calcagna.

Poi c'è il **redditometro**, per vedere se Enzo di Gallarate il giubbetto di Prada se lo poteva permettere, lo **spesometro**, per incrociare i dati delle fatture emesse con quelle ricevute da soggetti IVA, e molto altro, senza contare la vecchia scuola dei controlli incrociati e delle segnalazioni di chi vuol mettervi nei guai.

Spero di avervi dato un'idea su come ha fatto l'Agenzia a trovare Mario e Paolo.

L'altra questione era: perché li ha cercati?

Esiste un termine tecnico, un *parolone*, che – anche se devo riconoscere, pensando alle consulenze che erogo, che, se non è diventato di uso comune, in molti lo hanno inserito nel loro *pantheon* delle parole difficili da sfoderare al momento giusto – fareste bene a ricordare, perché se ve lo appioppa il fisco è finita.

A meno che non abbiate fatto la famosa pianificazione o il vostro Avvocato conosca la differenza tra l'accettare la difesa in una causa persa e adottare il punto di vista del fisco per capire se e fino a che punto potete essere salvati.

Il parolone è **esterovestizione**.

Qualcuno avrà avuto un soprassalto, perché, tra coloro che utilizzano questo termine per fare bella figura, i più lo utilizzano per le società.

Ma non è una grave colpa.

Chi scrive è Avvocato. Chi legge e ha avuto il soprassalto no.

È comprensibile la difettosa denotazione del concetto.

Chiariamo, quindi, che esiste anche l'esterovestizione delle persone fisiche oltre che di quelle giuridiche.

In sostanza, se Mario e Paolo hanno preso la residenza estera solo perché, credendosi molto furbi, vogliono farla in barba al fisco italiano, e il fisco non mangia la foglia, Mario e Paolo sono nei guai.

Perché la loro residenza all'estero verrà considerata fittizia?

Che vuol dire fittizia?

Qualcosa di più che falsa.

Non si tratta, infatti, solo di una residenza architettata per fregare il fisco, quindi falsa.

Si tratta di una residenza che verrà considerata, né più né meno che come una **residenza italiana**.

Nel senso di residenza fiscale.

Il fisco, in questi casi, non si limita e restarci male, il che potrebbe autorizzare, come autorizza, la comminazione di sanzioni di varia gravità a seconda della magnitudine della furberia, ma, ed è questa la parte peggiore, fa un bel listone di quello che voi avete guadagnato all'estero e lo tassa secondo le leggi della fiscalità italiana.

Che, come tutti sanno, non fa prigionieri.

Quindi, il fisco, che ha come funzione ufficiale quella di presiedere all'ordinata riscossione dei tributi, come funzione dissimulata quella di recuperare denari per l'erario, ce la mette tutta per castigare il contribuente, specie quello che ha osato varcare le Alpi.

Tuttavia, siamo in uno Stato di diritto, seppur morente.

Quindi non si può perseguire per eroico furore.

Ci vuole una giustificazione normativa.

E la giustificazione normativa è la seguente.

La legge italiana, per determinare se Mario e Paolo risiedono davvero all'estero o in Italia, utilizza i criteri che ho citato prima: il tempo trascorso in Italia, l'A.I.R.E., la residenza, il domicilio.

Il problema è che questi criteri sono **alternativi**, come ho chiarito nel Capitolo IX.

Ed è su questi criteri alternativi che molti cadono.

Perché ne basta uno per inchiodarvi.

A parte l'A.I.R.E. che, con la nuova normativa, da sola, non vi salva e non vi danna, con gli altri tre non si scherza.

Per sbrogliare la matassa, torniamo ai nostri due amici Mario e Paolo.

Mario si è iscritto all'A.I.R.E. e vive in Danimarca.

Paolo l'iscrizione all'A.I.R.E. non l'ha fatta però ha aperto un conto. Aggiungiamoci, per metterci un po' di sale, che il conto lo ha aperto alle Maldive, visto che ci va in vacanza spesso.

Perché il fisco non ha lasciato in pace Mario?

Evidentemente Mario *si è scordato qualcosa* in Italia.

Conti bancari, case, auto, tessere di partito, cariche sociali, una fidanzata.

Qualcuno di voi avrà visto lo spassoso film diretto da Woody Allen *Basta che funzioni*: il protagonista è un anziano signore cinico e incarognito il cui motto è, appunto, "basta che funzioni".

Ecco, per l'Agenzia è lo stesso. Va bene più o meno tutto. Basta che funzioni.

Anche se Mario si è iscritto all'A.I.R.E. e al Comune risulta che vive alla tal via della tal città in Danimarca, ciò per l'Italia, cioè per il fisco, non significa che sia residente in Danimarca. Anzi è possibilissimo che sia considerato fiscalmente residente in Italia.

Ma come è possibile?

Come ho detto all'inizio, la residenza e la residenza fiscale non sono la stessa cosa.

Immaginiamo che Mario abbia ereditato una casa dalla nonna in uno di quei borghi d'Italia che tanto piacciono, e a ragione, agli stranieri.

E allora perché non farne un bel *Bed & Breakfast*?

Un suo zio che vive nel borgo si incarica di ricevere gli stranieri e si alloggiarli.

E, su suggerimento dell'astuto Mario, gli stranieri sono accolti come vecchi amici e pagano in contanti. Insomma, tutto a nero sotto il sole del borgo.

La metà degli incassi lo zio li manda a Mario in Danimarca.

L'attività frutta e, arrangiandosi alla meglio in Danimarca nei mesi meno vacanzieri in Italia, Mario riesce a cavarsela.

Si contenta di poco. Non si cerca nemmeno un lavoro in Danimarca. E poi ha qualche soldo da parte.

Insomma, crede di poter fare sogni tranquilli.

Ma arriva l'accertamento.

Cosa è successo?

Per quanto paradossale possa sembrare, nonostante Mario vivacchi in Danimarca, per il fisco c'è del marcio.

Quello che renderà i sogni di Mario molto meno tranquilli è che il fisco ha rinvenuto interessi economici di Mario in Italia.

Anche se lo stratagemma di mandare avanti lo zio può temporalmente schermarlo, non si tratta di una soluzione longeva.

Non importa che il solerte zio gestisca il *Bed & Breakfast* in prima persona.

Ciò che importa è che l'attività sia **riconducibile** anche a Mario, che, infatti, incassa la metà delle entrate.

Si configura cioè un **interesse economico** in Italia.

E il domicilio fiscale, come abbiamo visto, comporta necessariamente la valutazione di questo aspetto.

Come ha fatto l'Agenzia a risalire a Mario?

Se l'attività gestita dallo zio per i troppi amici stranieri desta sospetti, l'Agenzia, magari con l'aiuto della Finanza, controlla i conti, valuta lo stile di vita dello zio, magari inadeguato rispetto ai redditi dichiarati, ammesso che dichiari qualcosa, perché se non dichiara nulla la situazione è anche più delicata.

Lo zio riscuoteva in contanti e, a prescindere dal fatto che un'attività rivolta al pubblico venga gestita senza registrare gli incassi non ha lunga vita, questi incassi lo zio avrà pur dovuto inviarli a Mario. E magari vengono fuori bonifici per l'estero.

Per la Danimarca, per esempio...

Oppure lo zio si è servito di Western Union o altre piattaforme per l'invio di denaro. Poco male. Sono comunque trasferimenti tracciabili.

Magari i due soci avrebbero potuto schermarsi dietro trasferimenti in cripto.

Ma il preteso anonimato di questo tipo di transazioni è, al giorno d'oggi, più teorico che reale.

Il problema, con il domicilio fiscale di Mario, è che c'è un'attività economica irregolare *on land*, come si dice oggi, un luogo fisico utilizzato per trarne profitto in barba al fisco.

E basta mettere insieme pochi indizi, perché l'Agenzia possa farne una prova per mettervi alla berlina.

E, detto tra noi, Mario, speranze di scamparla non ne ha.

Nel caso di Paolo, l'altro genio del male, la mancata iscrizione all'A.I.R.E. e il conto alle Maldive lo mettono in una situazione ancora più complicata.

Se Paolo, sul conto aperto alle Maldive, ha spostato dei capitali, che poi investe in titoli e valute – tralasciamo qui la questione se aprire un conto alle Maldive sia una bella mossa – godendosi poi i risultati delle sue speculazioni nell'esotica località, senza dichiarare nulla, si prospettano due scenari.

Se Paolo, alle Maldive, ci va solo in vacanza, la questione è presto risolta.

È residente fiscale in Italia e deve dichiarare le rendite da investimento realizzate a partire dal conto aperto all'estero.

Se non lo fa e l'Agenzia se ne accorge non ci sarà nulla da fare.

Se Paolo, trascorre alle Maldive più di sei mesi all'anno e ritiene, con questo, di essere residente nell'amena località indiana, il non essersi iscritto all'A.I.R.E. non è il suo problema, perché – a parte la multa per mancata iscrizione – potrà dimostrare la sua residenza estera.

Trattandosi però di paradiso fiscale, scatta l'odio fiscale.

L'Agenzia non deve dimostrare nulla, come ho spiegato nel Capitolo II.

Paolo dovrà dimostrare che la sua residenza e il suo domicilio sono alle Maldive.

Certo, ha aperto un conto.

Potrebbe dire che questo testimonia a favore di un suo interesse economico.

Ma dovrà anche dimostrare che la sua vita personale, familiare e affettiva si svolge alle Maldive.

Nessuno si fa una vita alle Maldive.

Paolo passerà un brutto quarto d'ora.

Con questi due casi, che rappresentano situazioni limite, ma tutt'altro che infrequenti, ho voluto mettere in risalto due aspetti che dovrebbero sempre essere considerati da chi si trasferisce all'estero ancor prima di partire.

1) Non importa per quanto tempo risiediamo in un altro Paese.

Pagheremo sempre e comunque le tasse in Italia – a meno che non si voglia giocare al gatto e al topo con il fisco per tutta la vita – se i nostri interessi o una parte rilevante degli stessi è in Italia.

Che si tratti di interessi economici, legami affettivi – questi ultimi tenuti in gran considerazione dopo la riforma – rapporti professionali o del circolo del golf, l'Agenzia ha un solo scopo: quello di utilizzare uno o più di questi elementi per mettervi in croce.

Quindi dovete essere in grado di sottrarre all'Agenzia questi elementi di valutazione.

Se non potete fare a meno di mantenere interessi in Italia o se, per esempio, non avete intenzione di far studiare i vostri figli all'estero, non tutto è perduto.

Ma per salvarvi dovete prendere tutto quello che c'è in Italia, sia i beni materiali che immateriali che gli affetti e la vita sociale e metterli sul tavolo.

E il tavolo deve essere quello di un professionista.

Altrimenti, farete, molto probabilmente, compagnia a Mario e Paolo.

2) il Paese dove decidiamo di trasferirci ha un peso.

È bello sapere che ci sono Paesi come Panama o gli Emirati Arabi Uniti o i Protettorati Britannici, dove non si pagano le tasse (ma andiamoci piano con gli *slogan*, è vero ma non per tutti e non sempre).

Ma è meno bello dover dimostrare all'Agenzia che la vostra residenza fiscale è in quei Paesi.

Perché, ricordiamolo, per i paradisi fiscali vige il tremendo principio dell'*inversione dell'onore della prova*, che è un modo gentile per dire che la prova del domicilio fiscale all'estero spetta a voi.

Quindi, il nostro Paolo ha un bel dire che risiede alle Maldive e che ha aperto un conto.

Non sarà sufficiente.

Perché di sicuro, a parte le vacanze prolungate e il conto, il resto della sua esistenza è riconducibile all'Italia.

Naturalmente, la realtà presenta tali e tante sfaccettature, che i casi che si possono presentare, o meglio, le situazioni di partenza che vanno esaminate prima di trasferirsi all'estero (la differenza tra le due cose è che, quando siamo di fronte a un caso, potrebbe essere già tardi, dunque bisogna lavorare sulle situazioni di partenza) fanno sì che i ragionamenti dell'Agenzia e quelli dei giudici possano essere divergenti, come non di rado avviene.

Nel mezzo ci siete voi.

Quello che andrebbe fatto è evitare di trovarsi tra l'incudine del fisco e il martello dei giudici e agire d'anticipo.

Per comprendere, in maniera più approfondita e specifica, quello che ho semplificato nei casi dell'uomo di Lisbona, di Mario e di Paolo, presenterò dei casi, più complessi e impegnativi, che però vi aiuteranno a capire meglio *con cosa* e *con chi* abbiamo a che fare.

XI

C.O.M.I.

Questa sigla, meno famosa dell'A.I.R.E., ma a cui bisognerebbe prestare molta più attenzione, riassume quello che abbiamo detto sinora e consente di approfondire l'analisi del domicilio fiscale, che come ho più volte detto, è l'asse intorno a cui ruota la vostra residenza all'estero.

Quindi, invece di intraprendere crociate contro l'A.I.R.E., o, al contrario, fare il favore di iscriversi pensando che questo basti, sarebbe meglio concentrarsi sul C.O.M.I.

Che cos'è questo C.O.M.I.?

Si tratta dell'acronimo per *Center of Main Interest*, ovvero **centro degli interessi principali.**

Si tratta di un criterio elaborato in sede europea per le fattispecie concorsuali nel 2015 e che l'Italia ha inserito nel contesto della crisi d'impresa.

Vi risparmio riferimenti legislativi europei e nazionali, tanto non ve ne importa niente.

Sul perché cito un criterio elaborato in contesti apparentemente lontani da quello che sto trattando, le ragioni sono sostanzialmente tre:

1) La Cassazione adora questo principio (quindi anche il fisco);

2) Come abbiamo visto, l'esterovestizione, normalmente tirata in ballo per le imprese, in realtà si riferisce anche alle persone;

3) La normativa sui concorsi in sede UE si occupa nel dettaglio della residenza delle persone e i Trattati prevalgono sulle leggi interne degli Stati.

Il Regolamento Europeo che fa riferimento al C.O.M.I., stabilisce che:

Per centro degli interessi principali si intende il luogo in cui il debitore esercita la gestione dei suoi interessi in modo abituale e riconoscibile dai terzi.

A parte il protagonista di questo inciso, il debitore, che, nel nostro caso è, piuttosto, il contribuente (che debitore non lo è necessariamente) qui ci sono i quattro elementi su cui si baseranno le sentenze dei prossimi anni e gli accertamenti del fisco:

1) **Interessi** principali;

2) **Gestione** degli interessi principali;

3) Gestione in modo **abituale** degli stessi;

4) **Riconoscibilità** dai terzi.

Quello che dice la riforma italiana vale fino a un certo punto.
E, per come è stata redatta, vale poco.
Noi dobbiamo capire come i giudici di merito e la Cassazione recepiscono questo criterio.
Perché l'Agenzia si richiama per lo più a quello che dicono i giudici quando effettua accertamenti, se non rilascia circolari di sua spontanea volontà, con alterne fortune.
Abbiamo toccato già questi concetti.
Si tratta ora di capire, in modo più approfondito, come verranno applicati.
Queste indicazioni, insieme a quello che è stato spiegato fino a ora, vi forniranno un'idea adeguata dell'acqua in cui nuotiamo.
Siccome questo libro non lo scrivo per una conferenza, ma per scopi eminentemente pratici, tra i quali l'offerta dei miei servizi (oggi pare ci si debba vergognare di proporre servizi e ricevere un pagamento per gli stessi, bisogna fare la *community*, aiutare, avere *followers*), la cosa migliore da fare è prendere in considerazione situazioni concrete.

XI.1. L'Amministratore e il paradiso

Franco si trasferisce in un paradiso fiscale per non pagare le tasse.
E ci resta per anni.
Nel paradiso fiscale comincia a lavorare come consulente in una società di assicurazioni.
Si iscrive anche all'A.I.R.E.
Nel paradiso fiscale fitta un appartamento a suo nome e apre un conto personale.
Porta con sé la moglie, ma i figli vengono affidati alle cure del fratello di Franco, perché possano terminare gli studi nel bel paese, prima di raggiungere i genitori.
La società ha interessi anche in Italia e Franco, che si è fatto notare dai proprietari, decide di approfittare dell'occasione, più unica che rara, di una società estera interessata a un mercato come quello italiano, per proporsi come amministratore delegato per gli affari italiani.
In Italia, aveva una casa, Franco.
Ma quando è partito l'ha venduta al fratello.
Ci torna d'estate, ospite di quest'ultimo.
A un primo sguardo, la situazione di Franco sembra, tutto sommato, solida.
Ed è quello che crede anche lui, specie dopo tanti anni di residenza acclarata in terra straniera.
Probabilmente, Franco non richiederà una consulenza a un professionista.
Ma facciamo finta che abbia dei dubbi e la consulenza la richieda a me.
Premetto che io non sono un venditore di certezze.
E, come Avvocato, la legge mi impone di mettere a disposizione del mio cliente la mia professionalità e la mia esperienza, ma non posso garantire i risultati.
L'obbligazione dell'Avvocato è di mezzi e non di risultati.
Lo stabilisce la legge e la logica.
Capiamo la logica con un esempio.

Non molto tempo fa una persona voleva che lo assistessi per l'apertura di un conto in un paradiso fiscale.

Nessun problema, non è certo un reato.

Tuttavia, poneva una condizione: voleva da me la certezza che la banca in cui avremmo aperto il conto non avrebbe inviato comunicazioni all'Italia.

Come posso sapere cosa farà il funzionario di banca?

Posso fare delle ipotesi, in basi alla prassi.

Ma non posso garantirlo.

Questo è ciò che intendo dire.

Il tizio del conto non si è fatto più vivo.

Poco male.

Dai loro frutti li riconoscerete, dice s. Matteo.

E costui era uno dei tanti italiani a causa dei quali altri italiani, come il sottoscritto, decidono di lasciare l'Italia: la pura espressione del qualunquismo e della propensione a fregare il prossimo.

Questa premessa l'ho fatta perché non bisogna solo sapere di *cosa* si sta parlando, ma anche *con chi*.

Nessun professionista serio promette risultati certi quando non dipendono, o non dipendono totalmente, da lui.

Su questo genere di promesse potrei scriverci un libro.

Ma contentiamoci qui di aver ribadito il concetto.

Detto ciò, se Franco venisse in consulenza con me, io farei due cose:

1) Prenderei tutti gli elementi a disposizione;

2) Ragionerei in ottica C.O.M.I.

Cosa abbiamo qui?

Elementi **a favore di** Franco:

1) iscrizione all'A.I.R.E.;

2) permanenza prolungata nel paradiso fiscale;

3) attività professionale in una società con sede nel paradiso fiscale;

4) locazione di un immobile;

5) apertura di un conto corrente in una banca locale;

6) si è trasferito con la moglie;

7) ha venduto casa prima di partire;

8) torna in Italia solo per le vacanze.

Elementi **a sfavore** di Franco:

1) Franco si è trasferito in un paradiso fiscale;

2) i figli sono rimasti in Italia;

3) è amministratore della società in Italia;

4) ha venduto la casa al fratello.

È evidente che Franco ha molti elementi che giocano a suo vantaggio, ma siccome si è trasferito in un paradiso fiscale, in caso di accertamento, dovrà fornire prova che il suo domicilio fiscale è reale e non fittizio.
Vediamo se la prova regge.
Distinguiamo quattro elementi:

1) formale (A.I.R.E.);

2) temporale (183 giorni);

3) di fatto (residenza);

4) di diritto (domicilio).

I primi due sono soddisfatti e favoriscono Franco.

Come ho spiegato, l'iscrizione all'A.I.R.E., da sola, non basta, perché la legge italiana stabilisce criteri alternativi (ne basta uno per essere considerati residenti fiscali in Italia, e, al contempo, uno solo di essi non è sufficiente per dire che si è residenti fiscali all'estero).

Il terzo elemento, la residenza, ossia il luogo in cui Franco abita continuativamente, anche quello è soddisfatto.

Rimane il domicilio, che non possiamo senz'altro ritenere fissato nel paradiso fiscale, perché ci sono interessi e legami anche in Italia.

Quindi applicherò il **criterio C.O.M.I.** a quest'ultimo elemento.

Abbiamo:

1) interessi professionali nel paradiso fiscale (assicuratore);

2) legami familiari nel paradiso fiscale (moglie).

Ma anche in Italia ne abbiamo:

1) amministratore della società;

2) figli.

Secondo il criterio C.O.M.I., bisogna innanzitutto guardare al luogo in cui sono stati stabiliti i legami professionali e, in subordine, a quelli personali.

In assenza di legami professionali, si guarderà ai legami personali, intesi come legami affettivi e/o familiari.

Quindi il C.O.M.I. diverge dalla normativa italiana, che stabilisce l'esatto opposto.

Facendo un papocchio.

Perché, secondo gli scienziati italiani, se uno ha famiglia in Italia è residente.

Perciò se uno si trasferisce con la famiglia non dovrebbe essere considerato residente in Italia, pur avendovi interessi.

Cosa che non avverrà mai.

Quindi, avremmo un trattamento palesemente discriminatorio.

Ragion per cui i giudici non potranno far altro che richiamare la normativa europea e disapplicare quella italiana, inutile.

Ribadito questo punto, i legami professionali li abbiamo tanto con l'Italia quanto con il paradiso fiscale.

Quindi il primo scoglio è quello di capire dove questi siano radicati in prevalenza.

Il fisco dirà che la carica di amministratore vincola Franco al territorio italiano.

Franco ha però durevoli rapporti professionali all'estero.

Siamo in una situazione di stallo.

Se ricorriamo ai legami familiari, anche qui la situazione appare ripartita tra l'estero (moglie) e l'Italia (figli).

Qui, però, potremmo fare manleva sul diritto di famiglia.

La potestà genitoriale non deve essere esercitata attraverso una presenza costante e ininterrotta dei genitori a fianco dei figli.

Se i figli sono rimasti in Italia per completare la loro educazione scolastica in base all'indirizzo dato dai genitori alla conduzione della vita familiare, né il fisco, né i giudici possono farne un elemento di residenza della famiglia in Italia.

Quanto poi al soggiorno in casa del fratello, cui la casa è stata venduta, se Franco e la moglie vi trascorrono un mese all'anno, è pochino per dire che le relazioni familiari sono radicate in Italia. Ci mancherebbe che uno non può nemmeno andare a trovare il fratello.

Quindi, se i legami familiari, nonostante la presenza dei figli in Italia, non si considerano qui stabiliti perché la famiglia è solo temporaneamente separata, questo elemento, insieme al rapporto professionale che Franco intrattiene con il Paese estero, potrebbe far pendere l'ago della bilancia dalla sua parte.

Essendo poi residente in un paradiso fiscale, in base alla regola dell'odio del fisco per questi Paesi, suggerirò a Franco di fare altre cose nel paradiso fiscale, per rafforzare la sua posizione.

Ma queste cose le dirò a Franco in consulenza.

Il caso che vi ho presentato dovrebbe già farvi intravedere la difficoltà di giudicare questo tipo di situazioni e prevedere come potrà ragionare l'Agenzia in caso di accertamento.

Procedo con un altro esempio.

XI.2. Fiscalità e attività *online*

Martino vende corsi su come avere più *followers* su Instagram.
La vanità leopardiana si mette all'opera e lavora per conto di Martino.
Una marea di fessi gli compra i corsi e Martino sfoggia frasi di John Lennon sul suo profilo, vantandosi di aver triplicato un già milionario fatturato.
Il nostro tempo ci ha riservato anche questo, oltre a guerre e pandemie.
Fatto sta che il milionario soldi al fisco italiano proprio non vuole darne.
Così si trasferisce a Malta, dove affitta un appartamento e si organizza fiscalmente mettendo insieme informazioni prese dal *web*.
Stipula anche una polizza assicurativa per la salute, sempre a Malta, e apre un conto in Estonia, dove costituisce una società che ha il solo scopo di schermare Martino e far sì che i milioni vadano sul suo conto dopo essere passati per quello della società.
Oltre che per fruire di deduzioni e altre agevolazioni per abbattere il cospicuo utile.
Dell'A.I.R.E. Martino si disinteressa completamente.
Ha letto su Internet che al massimo rischia una multa, ma tanto lui è milionario. Poco gliene cale.
Con tutti i milioni che ha, Martino è colto da un impulso di solidarietà e decide di mettere sotto contratto il suo caro amico Fernando, che vive a Catania e milioni decisamente non ne ha.
Così, visto che l'attività di Martino è completamente digitalizzata, offre a Fernando di lavorare per lui da casa.
Editare i video, chiamare i fessi che vogliono fare i milioni pubblicando fotine e fare un po' di pubblicità sui *social*.
Fernando non si preoccupa affatto di regolarizzare la sua posizione fiscale: il forfettario non è affar suo.
Per parte sua, Martino che vende perlopiù a italiani con *webinar*, dirette *streaming* ecc., non si preoccupa affatto di aprire una posizione IVA, perché lui lavora da Malta e i fiscalisti di vent'anni che frequenta concordano con lui che non serve aprire nulla. Così, a senso.

I due si mettono al lavoro, Martino milionario a Malta e Fernando, poveraccio di Catania a casa dei genitori, sognando di emulare l'amico.

Non entro nel merito di quanto durerà l'avventura di questi due, che mi porterebbe a fare considerazioni sulla soppressione delle cose in luogo delle informazioni a opera dei *social* e della propaganda di milionari come Martino che difendono le nuove opportunità della rete per chi abbia il *mindset* giusto e, naturalmente, si faccia affiancare da loro, in barba ai Buffet e ai milionari "classici" che ci hanno messo decenni per consolidare la loro posizione (questi dilettanti), mentre i procura-*followers* e i loro cugini dalle vendite milionarie via Instagram, ci hanno messo due anni.

Ma lasciamo perdere, è un discorso lungo e più complesso di quanto non sembri.

Uso i *social* per vendere i miei servizi, come complemento della mia attività *on land*, ma milioni non ne ho visti, facendo il Reel meraviglioso che questi soggetti vendono, perché sono ben altri i contenuti di una attività professionale degna del nome.

A ogni modo, se il mondo è dei Martino, non posso farci niente.

Io faccio società e residenze per le persone, se mi pagano con i soldi che fanno con Instagram a me sta bene.

Ma, siccome questi nuovi milionari sono espressione di una generazione virtuale, io che sono di vecchia scuola mi permetto di fare le mie osservazioni (giusto per la cronaca: quando ho chiesto, per curiosità, a questi giovani geni di mostrarmi come ottenevano 50.000 visualizzazioni con il primo Reel del neonato profilo Instagram di Claudia venditrice di consigli di vita, e 150 richieste di consulenza sempre con lo stesso Reel, mi hanno risposto che "sì assolutamente": sto ancora aspettando).

Ora, torniamo alle cose serie.

Vediamo come è messo Martino.

Tralascio le questioni relative all'IVA e della posizione fiscale di Fernando, perché qui parliamo di trasferimenti all'estero. La regolarizzazione fiscale è un tema connesso, ma richiede altro tipo di analisi. Dirò solo che sia Martino che Fernando possono solo sperare di non cadere sotto il vigile occhio dell'Agenzia.

Gli elementi **a favore** di Martino sono che:

1) vive a Malta;

2) fitta un appartamento a Malta;

3) stipula una polizza a Malta;

4) apre un conto in Estonia;

4) costituisce una società in Estonia;

Gli elementi **a sfavore** di Martino sono che:

1) non si è iscritto all'A.I.R.E.;

2) ha un collaboratore in Italia;

3) vende quasi solo a italiani.

Applichiamo il **C.O.M.I.**

Martino ha stabilito:

1) interessi personali a Malta;

2) interessi patrimoniali in Estonia.

In Italia ha interessi economici

A prescindere dall'A.I.R.E., e dando per scontato che Martino non passi la maggior parte dell'anno in Italia, la sua residenza fiscale all'estero è distribuita su due giurisdizioni: Malta e l'Estonia. E c'è una ragione per questo. Ma qui entriamo già nei regimi tributari, che vanno discussi in consulenza.

Qui dirò che Martino rischia di stare in due posti diversi e in nessuno di essi.

Che Martino abbia preso in affitto un appartamento a Malta e abbia un'assicurazione sulla salute, non significa che sia fiscalmente residente a Malta.

Indipendentemente da quello che dice Malta: Martino ha messo in atto una configurazione da non-domiciliato, che non esclude la residenza maltese. Ma noi dobbiamo capire cosa ne pensa il fisco italiano.

E per il fisco italiano appartamento e polizza non sono sufficienti.

Martino avrebbe potuto costituire la società a Malta e aprirvi il proprio conto personale.

Ma non avrebbe beneficiato degli sgravi fiscali offerti dal governo maltese.

Tuttavia, avendo il conto e la società altrove, la sua situazione fiscale è divisa a metà: interessi economici in Estonia, interessi personali a Malta.

Ora, per il C.O.M.I., quando si verificano situazioni di fiscalità ripartita tra due giurisdizioni (come affermato anche dalla Corte di Giustizia dell'Unione Europea), subentra il criterio degli interessi personali e/o familiari, a patto che si possa dimostrare che tali interessi sono reali ed effettivi e depongono per una residenza abituale e continuativa del soggetto in un dato luogo.

Nella fattispecie, Malta.

Martino non ha la propria famiglia a Malta, sicché tutto ruota intorno alle sue relazioni personali.

Quindi, la prima cosa che io direi a Martino è di fortificare il più possibile la sua posizione a Malta e ci sono modi per farlo, che gli dirò in consulenza.

Ma non abbiamo ancora finito.

Perché bisogna vedere come sistemiamo le cose con l'Italia.

Chiariamo una cosa a proposito delle attività *online*.

Il fatto di non esercitare una attività economica in uffici e locali a ciò preposti, non significa che state lavorando in una dimensione parallela.

L'idea che il *web* potesse occultare le attività economiche e i loro esercenti, poteva valere agli albori di questo nuovo mondo.

Oggi esistono tutta una serie di criteri per equiparare le attività *on line* a quelle *on land*.

Per evidenti ragioni: il fisco ha capito che nella rete si muovono miliardi e non vuol certo restare a bocca asciutta.

Ora, l'aspirante milionario Fernando lavora dalla sua cameretta per conto del magnate di Instagram Martino.

E vende agli italiani, che a loro volta vogliono essere milionari, quindi si sviluppa un mercato di fessi di proporzioni tali da consentire a Martino e a diversi altri di fare la bella vita, sfottendo chi studia e lavora e che non ha capito niente.

Finché dura.

Ora, quello che fanno Martino e il suo socio determina un interesse economico in Italia non da poco, perché l'appartamento di Malta Martino lo paga con bonifici italiani.

E le attività di *streaming* vengono oggi considerate, a causa dell'istantaneità della comunicazione e dell'interazione, come se avvenissero in Italia.

Quindi, la configurazione fiscale che Martino credeva a prova di bomba, comincia a vacillare.

Cosa dico di fare a Martino?

Gli dico che deve costituire una S.R.L. in Italia e collegarla alla società in Estonia.

In questo modo, anche se l'attività economica in Italia è portata "alla luce", Martino potrà agire nella legalità e ottenere un notevole abbattimento fiscale.

Inoltre, mentre viene preservata la sua residenza fiscale personale a Malta, la sua situazione patrimoniale potrebbe essere regolarizzata, anche perché se la società in Estonia ha solo la funzione di società di incasso e non espleta alcuna attività economica concreta, tutta l'attività si concentra in Italia, attraverso le vendite gestite da Fernando.

Ci potrebbero essere quindi gli estremi dell'esterovestizione societaria, oltre che di quella personale.

Da quest'ultimo punto di vista, infatti, se è vero che Martino ha un conto e una società in Estonia, si tratta di elementi, per così dire, ricettivi di una attività di vendita svolta e gestita altrove.

Ci sarebbe anche da capire fino a che punto Fernando interviene nell'affare: si limita a decantare le capacità straordinarie del suo capo o prende anche decisioni sulla gestione dell'attività?

Infine, come ho detto, la posizione maltese di Martino va ponderata adeguatamente.

XI.3. Famiglia all'estero e bollette salate

Le vie dell'Agenzia delle Entrate sono infinite.

Un paio di episodi sono sufficienti per dichiarare che una persona è residente in Italia e far scattare l'accertamento.

Chiara, separata, ottiene l'affidamento del figlio ed emigra in Romania, dove avvia un'attività commerciale.

Il figlio va a scuola in Romania.

In Italia resta la madre di Chiara, che abita nella casa di famiglia e ne gestisce l'economia pagando le utenze, intestate al marito di Chiara.

Chiara intesta la casa a una società aperta in Romania, per fruire di sgravi fiscali e occultare la proprietà della casa.

Le utenze vengono pagate con una carta di credito rilasciata da una banca rumena.

Chiara punta sul fatto che il figlio vive con lei stabilmente in Romania e che ha avviato una attività nello stesso Paese.

Gli elementi **a favore** di Chiara sono:

1) residenza abituale in Romania;

2) attività commerciale in Romania;

3) figlio che studia in Romania.

Gli elementi **a sfavore** di Chiara sono:

1) marito e madre in Italia;

2) carta di credito utilizzata dalla madre;

3) casa intestata a società estera;

4) economia della casa gestita dalla madre.

Andiamo ad applicare il **C.O.M.I.**
Vediamo che:

1) in Romania abbiamo interessi patrimoniali e familiari;

2) in Italia interessi personali e legami familiari.

In casi come questo, bisogna lavorare bene con la bilancia.
In Romania abbiamo senz'altro la concentrazione degli interessi patrimoniali di Chiara.
Unitamente alla presenza del figlio, che depone per gli affetti familiari in Romania.
In Italia, invece, abbiamo una prevalenza degli interessi familiari.
Oltre alla madre, dobbiamo considerare il marito: la coppia è separata, ma il vincolo permane.
Sappiamo che, in ottica C.O.M.I., si dà prevalenza agli affari.
Mentre il fisco punterebbe sui legami familiari in Italia.
In realtà, un caso del genere potrebbe sfociare in una doppia residenza, da risolvere secondo le Convenzioni tra i due Stati.
In tal caso, Chiara dovrebbe dichiarare anche in Italia, ma con gli sgravi consentiti dalla Convenzione.
Esiste tuttavia un'altra possibile interpretazione, che renderebbe Chiara residente fiscale in Italia.
Quando si parla di interessi patrimoniali, si tende, in ambito europeo, ad accostare a questi gli interessi personali.
Il fatto che la madre gestisca l'economia domestica della casa e paghi le bollette con la carta di credito della figlia, non implica solo il riconoscimento di un legame familiare, ma anche la presenza di un interesse personale: Chiara non vuole essere estromessa dal controllo delle spese e dalla gestione della casa in Italia.
E questo è configurabile come un interesse personale.
Se l'Agenzia facesse leva su questo e sulla presenza di congiunti in Italia (marito e madre), oltre che sul testo della riforma, che privilegia i legami familiari, e il giudice dovesse valutare questi fatti come determinanti, Chiara potrebbe risultare residente in Italia nonostante il trasferimento.

Quindi Chiara deve trovare un accordo con il marito perché si incarichi del pagamento delle bollette, eliminando l'utilizzo della carta di credito riconducibile a Chiara.

La casa va intestata al marito o alla madre e, soprattutto, Chiara deve consolidare la residenza in Romania.

Poi deve ribaltare gli interessi personali, che dall'Italia devono essere traslati in Romania: deve cioè stabilire una serie di rapporti e relazioni che soddisfino il criterio C.O.M.I. della **riconoscibilità da parte di un terzo**.

Per fare un esempio banale, Chiara farebbe bene a iscriversi in palestra e a partecipare a eventi culturali.

La riconoscibilità da parte di un terzo è simile alla visione di un film.

Lo spettatore che segue le vicende di Chiara deve percepire che si sta svolgendo, davanti ai suoi occhi, la trama della sua vita.

E se lo spettatore è l'Agenzia, sarà bene che la trama sia di buona qualità.

XII

183

Quando l'italiano decide, o crede di aver deciso, di trasferirsi all'estero, ha normalmente tre dubbi amletici: se si deve iscrivere o meno all'A.I.R.E., se quello che farà all'estero *si verrà a sapere* in Italia e se il numero 183 abbia una valenza solo italiana o anche internazionale.

Questi dubbi hanno una matrice comune: generalmente, l'italiano non vuole trasferirsi all'estero.

L'italiano vuole una residenza estera per pagare le tasse in un altro Paese e ottenere un secondo passaporto per poter fuggire in un altro Paese in caso scoppi una guerra.

A parte l'ipotesi della guerra, l'italiano vuole una residenza estera, ma, al contempo, non vuole lasciare l'Italia, per ragioni personali o economiche; molte volte, semplicemente perché ama stare con un piede in due scarpe. Vuole sfruttare il meglio delle due situazioni, quella estera e quella italiana.

Per esempio, pagare le tasse all'estero, o non pagarle, e farsi operare al fegato in Italia, perché l'operazione è coperta dalla Sanità pubblica.

Quindi evita l'iscrizione all'A.I.R.E. come la peste.

Oppure vuole aprire un conto all'estero per sottrarre entrate al fisco o ai creditori e ottenere benefici nel nuovo Paese, da cui si aspetta l'elargizione della residenza a causa dei denari versati nelle banche locali.

Il che può anche succedere. Ma l'italiano se lo aspetta a prescindere da importi e normative.

Gli spetta.

Soprattutto, non vuole che ficchino il naso nei suoi affari.

Quindi, se apre il conto in un paradiso fiscale, vuol sapere se poi in Italia *si sa*.

Maestro dell'intestazione fittizia di immobili e veicoli, risolve tutto simulando vendite a zii, cugini o fratelli, per non farsi scovare dal fisco e partire senza lasciare strascichi. Salvo poi, tornare più volte, durante l'anno, in patria in casa degli zii, cugini o fratelli, raccontando di quanto si sta bene all'estero, mentre l'Italia, da cui pretende servizi per i quali non paga, è un Paese di ladri.

Nel frattempo, si dà da fare all'estero come meglio può, ma vuol essere sicuro, anche qui, che l'Italia resti all'oscuro di tutto: una pretesa che non può essere soddisfatta in assoluto, né tanto meno garantita dal professionista. La cosa non viene compresa dai più, e la delusione può portare l'aspirante *expat* a rinunciare.

Poi, naturalmente, c'è il numero della bestia. Che, per l'italiano, che difficilmente si dedica alla lettura dell'Apocalisse di San Giovanni, è 183.

Mi riferisco, come avrete capito, ai 183 giorni.

Ho spiegato che si tratta del requisito temporale che va rispettato per non essere considerati residenti fiscali in Italia, considerando anche le frazioni di giorno, secondo la nuova normativa.

Non ho altro da aggiungere rispetto a quanto già detto.

Piuttosto, la preoccupazione dell'italiano, che all'estero vuol starci il meno possibile perché vuol tornare quanto prima in Italia (ma non era fuggito via per rabbia contro il governo ladro?) è se, all'estero, può sbrigare le pratiche e andarsene o se deve restarci.

E se sì, quanto?

Non sarà mica obbligatorio restare 183 giorni?

Se si risponde di sì, si rischia di provocare malori improvvisi all'italiano errante.

Tutto questo discorso ha a che fare con la cultura italiana.

Lasciamo stare i Leonardo.

Né io né voi abbiamo niente in comune con Leonardo.

Leonardo non è né italiano né francese.

È un rarissimo tipo di essere umano che non ha a che fare con la geografia.

Come Rimbaud.

Come Maradona.

Non sono artisti, sono l'arte.

Quindi dovremmo anche smetterla di vantarci della nostra italianità.

Che è nient'altro che un'accozzaglia di luoghi comuni, accattonaggio intellettuale e analfabetismo funzionale diffuso.

Ci sono eccezioni.

Ma sappiamo tutti qual è il ruolo delle eccezioni nell'economia delle cose.

L'italiano che vuole spostare la residenza fiscale all'estero è perlopiù un individuo sommamente incolto, che vive per fregare qualcuno, il fisco, lo Stato, la concorrenza. E se non ci riesce lo divora il risentimento per la patria matrigna o l'odio per chi ce la fa.

È un'indole. Non può essere modificata.

E questo è tanto più vero se si tiene conto che gli stessi sentimenti albergano anche in uomini che l'alta cultura e preparazione professionale non hanno potuto allontanare dal desiderio atavico di fare le scarpe al prossimo o a entità relegate nello spazio astratto dell'ingiustizia: come se il fisco e le amministrazioni non fossero emanazione dello stesso marciume che ristagna nel cuore di tenebra dell'italiano medio.

Orribile Panama!

Covo di malfattori!

"Mi faccia la società a Panama, Avvocato".

"Ma che non si sappia che è mia".

Io non mi considero superiore a costoro.

Sono solo arrivato alla conclusione che l'80% dell'umanità vale poco.

E quella che resta vive una vita solitaria, fondamentalmente triste, per mancanza di interlocutori e consapevolezza che ogni sforzo di brillare è solo una miccetta nella notte di capodanno.

Ecco perché, non ci si interroga, nella maggior parte dei casi, su come realmente si può cambiare rotta, accettando anche il rischio che potrebbe non essere possibile.

Non dovreste venire a Panama per fregare il fisco.

Dovreste farlo per vivere in un Paese diverso.

Magari mettervi in discussione: se venite a Panama per fare i pizzaioli non è un gran piano, ma magari vi capita di vivere un'altra vita, una vita diversa da quella delle grandi città italiane, per esempio, dove tutto è disordine e bruttura in un giardino di delizie.

Per esempio.

E invece no.

I 183 giorni.

Vediamo se riesco a fare un po' di luce su questo grande problema.

In fondo, fa parte del mio lavoro.
Diciamo che la questione dei 183 giorni ha tre risvolti.
Distinguiamo:

1) 183 giorni in Italia;

2) 183 giorni all'estero;

3) 183 giorni all'estero come protezione.

Dei 183 giorni in Italia abbiamo già parlato: se li cumulate siete residenti in Italia anche se prendete la residenza in Sri Lanka.

Per i 183 giorni all'estero, la faccenda è altrettanto semplice, con il giusto supporto.

Se chi vi assiste conosce le leggi locali (il che non è assolutamente detto) saprà dirvi cosa richiede lo Stato in cui volete prendere la residenza.

Quanto ai 183 giorni come protezione, la questione è decisamente più complicata.

Ammettiamo che non restiate in Italia per più di 183 giorni, parlando di presenza fisica.

E che non siate in Italia domiciliati per lo stesso periodo di tempo. Ricordiamo che il domicilio prescinde dalla presenza fisica e che è una questione di interessi radicati sul territorio italiano.

Ora, il Paese straniero può imporvi, ai fini della residenza fiscale, una permanenza parimenti di 183 giorni.

Ma può anche prescindere da questa imposizione.

Panama, per esempio, non vi obbliga a restare per 183 giorni, anche se, per alcune certificazioni, può essere opportuno.

Quindi, si ragiona: se non trascorro più di 183 giorni in Italia e Panama non mi obbliga a rimanere sul territorio per la stessa durata, presa la residenza a Panama posso andare dove voglio e restarci il tempo che voglio.

Certo che potete farlo.

Il punto è che vi dimenticate del fisco.

Se voi non abitate in Italia per più di sei mesi e a Panama non fate assolutamente niente (c'è chi crede di cavarsela con un profilo Instagram, ne abbiamo già parlato), dov'è il vostro domicilio?

Dove sono i vostri interessi patrimoniali, personali e familiari? A Panama sicuramente no.

Quindi...

Il connazionale di Leonardo qui obietta: ma chi viene a controllare a Panama cosa faccio?

Come ho già spiegato in precedenza, non hanno bisogno di inviare una spia.

Ci sono molte più cose nei *database* dell'Agenzia delle Entrate di quante potete immaginarne nella vostra filosofia.

Arrivano a controllare i voli.

In una causa di qualche anno fa, l'Agenzia provò la residenza in Italia servendosi dei consumi registrati in bolletta: il consumo era troppo alto per uno che dichiarava di vivere oltralpe.

Se non vi stabilite nel nuovo Paese, se, letteralmente, non cambiate vita, il fisco potrà comparire in qualsiasi momento, anche dopo anni che ve ne siete andati.

Non dimentica, il fisco.

Inoltre, se vi trasferite in un paradiso fiscale, sarà ancora più difficile scamparla, perché, la prova della residenza fiscale nel paradiso fiscale la dovete dare voi: per il fisco voi siete residenti fiscali in Italia a prescindere.

Mi spiegate come dimostrate, in caso di accertamento, che vivete e fate affari a Panama se fate la spola tra il Brasile e la Cosa Rica con i soldi fatti con Instagram?

Capisco che siete in grado di diventare milionari in due anni partendo da zero e senza competenze, ma vedersi sottrarre i milioni dal fisco non è un'esperienza piacevole.

La permanenza sul territorio va mantenuta, anche in maniera non continuativa, ma va mantenuta.

Bisogna integrarsi nel nuovo Paese.

Anche se lo Stato in cui andate non vi chiede di restarci 183 giorni all'anno per essere considerati residenti, voi cercate di restarci lo stesso.

E se proprio non riuscite a resistere, non stateci un mese per poi intraprendere il giro del mondo.

Dovete avere degli interessi riconoscibili, relazioni, esercitare professioni o lavorare come dipendenti, ma dovete costruirvi una identità fiscale.

La promessa del nomadismo digitale, per voi che siete cittadini italiani, non vale.

Gli americani possono farlo, perché li tassano ovunque risiedano.

Per il fisco italiano, se non risiedete all'estero, risiedete in Italia.

Certo, se non lasciate granché in Italia, sarà più difficile, ma ce la metteranno tutta.

E in moltissimi casi, qualcosa su di voi la trovano. E se non la trovano la fabbricano.

E se i giudici gli credono è finita.

Perché anche se non trovano nulla, per decidere dove risiedete, quando hanno finito con le leggi italiane, tirano fuori le Convenzioni e, se non ci sono appigli in nessuno dei paesi coinvolti, la residenza fiscale viene determinata per nazionalità.

Sono situazioni che non rappresentano la normalità dei casi, ma il concetto che voglio chiarire è che non avere radici è un ideale romantico che posso anche capire, ma qui non stiamo parlando di Lord Byron, parliamo di Agenzia delle Entrate. E di romantico non c'è nulla.

Il vostro scopo è però quello di non arrivare davanti al giudice.

Voi dovete aver fatto tutto prima.

In questo gioco voi partirete sfavoriti.

Sempre.

Quindi dovete proteggervi.

Solo dopo potrete agire serenamente.

Non siete soli in tutto questo.

Ci sono ottimi professionisti in circolazione.

Non tanti, come è normale che sia statisticamente.

Ma ci sono.

Per molti "nuovi milionari" i professionisti della fiscalità internazionale sono un costo *residuale*.

Non vale la pena pagare questa gente per sapere cose che si trovano gratuitamente sul *web*.

Chi si credono di essere per chiedere soldi a noi che siamo milionari a 25 anni?

Siamo noi che gli facciamo il favore di farli sentire utili.

Che le facciano *gratis* le consulenze, se vogliono farle.

Oggi si ragiona così.

E i cambiamenti radicali subiti dal linguaggio, la trasvalutazione di tutti i valori a cui assistiamo oggi, non sono un fenomeno relegato alla sfera virtuale.

La pandemia ha funzionato da acceleratore di cambiamenti già in corso, ma che in virtù della cattività a cui siamo stati costretti, si sono prodotti molto prima del tempo, senza quei passaggi intermedi che rendono più gestibili le transizioni.

Tutto è già adesso.

Le professioni tradizionali non sono immuni da questo cataclisma.

Non importa che si chiudano gli *account* dei *social*.

Anche chi lavora *on land* e non crede all'*on line*, è investito suo malgrado da questi rivolgimenti.

Codici sull'Intelligenza Artificiale, studi legali chiusi per traslare tutto sul virtuale, i nuovi scenari legali aperti dall'internazionalizzazione delle imprese, la consapevolezza, da parte delle nuove generazioni, come delle vecchie, che si può vivere altrove (ci sono più pensionati all'estero che laureati) non possono non testimoniare che le nostre abitudini sono cambiate, la nostra vita è cambiata.

È una ragione per buttare a mare, da bravi futuristi, tutto quello che c'è stato prima?

Io credo di no.

Ho ricevuto, alcuni giorni fa, una mail di un ventiseienne che si proclamava imprenditore digitale con un fatturato da un milione all'anno.

Cominciava la mail, impostata in modo amicale, come se ci conoscessero di persona da anni, affermando di aver fatto le sue ricerche e di averne dedotto che la tal cosa andava fatta così e così.

Le deduzioni erano completamente errate.

Per potergli spiegare quello che, invece, avrebbe dovuto dedurre, la segreteria gli ha indicato la procedura.

Svanito nel nulla, il piccolo milionario.

Lo sapevo benissimo.

Quando si fa una qualsiasi cosa da troppo tempo per pensare di mettersi a fare qualcos'altro, si capisce subito con chi vale la pena di parlare, di residenze o d'altro.

E si capisce anche un'altra cosa.

Che in tutta questa bufera di informazioni, tempestata da gente che urla e ride senza motivo, forse, quelli rimasti legati alle cose, ai libri, al silenzio, all'esistenza, hanno qualche possibilità in più di non essere travolti.

CONCLUSIONE

Prima di scrivere queste righe, ho pensato che potevo anche risparmiarmela, la conclusione.

A che serve una conclusione se tutto, in questo libro, non è altro che una conclusione?

In ogni riga non ho fatto altro che dire come la penso sulla fiscalità internazionale, sia dal lato di chi la impone, che di chi la subisce.

Ho anche il fondato sospetto, che la maggior parte delle persone non arriverà nemmeno a leggere queste righe.

Perché si sarà fermata prima, forse non sarà andata oltre il primo Capitolo.

I libri che si vendono di più oggi sono quelli che descrivono come-fare-cose.

Come fare soldi, come fare profili *social*, come fare *business*, ecc.

Quelli, forse, vengono letti per intero.

E non c'è da stupirsi.

Sono libri in linea con lo strapotere dei *social*.

La soglia di attenzione media è oggi talmente bassa che chi pubblica video su YouTube e ottiene un minuto di attenzione, stappa un Chianti d'annata.

Se si lavora su piattaforme come Instagram, 3 secondi è il limite massimo concesso dall'utente.

Con queste soglie patologiche, a meno che non si tratti di cretinate, che "coinvolgono" lo spettatore, non c'è nessuna speranza di costruire un pensiero, una visione delle cose, una metodologia.

I *social* non sono, come ritiene qualcuno, la creazione dal nulla dell'impero del vuoto, hanno solo estremizzato quelle operazioni di *divertissement* di cui parlava già Pascal.

Tra i tanti loro difetti c'è anche quello di non aver inventato nulla.

Il punto è che il *web*, la rete e i suoi corollari sono materiale volatile.

E il professionista che si affanna a "dare valore", come si usa dire oggi, deve farsene una ragione.

Il nostro è un tempo di pensieri selvaggi.
Senza centro né periferia.
Ognuno è tutto.
Il tempo di aprire un canale YouTube o un *e-commerce*: si è subito esperti-di-qualcosa o prossimi milionari.
Peppino de Filippo, a proposito della superstizione diceva: "non è vero ma ci credo".
Ecco, i *social* hanno creato il miraggio fatale del successo senza sforzo e dello sgravio di responsabilità.
Il *chi* prevale sul *cosa* e sul *come*.
È un processo irrevocabile.
Gli avvocati frequentano corsi su come servirsi dell'intelligenza artificiale e lo stesso fanno scrittori, creativi, studiosi.
Già si vedono articoli e libri palesemente scritti dall'AI.
Spesso non c'è nemmeno la revisione.
Si confida nel mezzo. I libri sono il mezzo.
E poi, se anche c'è qualche errore, chi lo noterà, con un'utenza così disordinata e disattenta?
Certo, chi ha confezionato la difesa in giudizio del cliente con Chat GPT – è accaduto – non ha vissuto un bel momento quando il giudice ha segnalato che le sentenze citate non esistevano.
Ma tra qualche anno, il pensiero sarà solo un rimescolarsi di idee con poca aggiunta di argomenti originali.
E la filosofia *fast-food* dei *social* inspessirà il divario tra l'analisi accurata e le soluzioni generalizzate.
Le guide *step-by-step* di tanto *marketing* attuale non sono altro che il sintomo di una incapacità di analisi imperante nell'utenza e della portata lucrativa del soccorso, dell'aiuto, dell'accompagnamento per mano di un pubblico regredito all'infanzia, divorato dall'analfabetismo funzionale e con mezzi intellettuali ridotti al minimo dall'inebetimento possente orchestrato dalla velocità e dai corto-circuiti neurali scatenati dalla partenogenesi del "valore" veicolato dalle piattaforme.
Non esiste un grande architetto dei *social*, o, perlomeno, non è determinante.
Zuckerberg fa di tutto per tenerti su Facebook.
Ma il carrozzone va avanti da sé.
Siamo noi che lo permettiamo, che ci piaccia o no.

Le foto, le condivisioni, i commenti, i *like*, la stupidità, l'odio.
Tutto questo non è nuovo.
È solo l'esasperazione della pochezza umana.
Vogliamo essere più gentili?
Chiamiamola commedia umana, con Balzac.
Il professionista che vuole salvarsi da questo oppio, deve ritrovare il silenzio dei pomeriggi e il fruscio delle carte, delle pagine.
Si può essere contro il proprio tempo. Ma non se ne può prescindere.
Anche il rapporto professionista-cliente necessita di un giro di vite.
È necessario ristabilire dei ruoli.
Quando sento parlare dell'Avvocato-amico ho i brividi.
Se per adeguarci ai tempi diventiamo amici dei clienti la nostra professione finirà.
Non si pagano onorari a un amico.
E non ci si consulta con un amico.
Gli si chiede un consiglio.
Oggi la professione legale rischia di scivolare clamorosamente verso una zona grigia di mutuo soccorso professionista-cliente, in cui quest'ultimo detta le regole e il primo vi si adegua, in amicizia.
Quando questo processo giungerà a compimento spero di essere abbastanza vecchio da guardare al mondo come a qualcosa che già non mi riguarda più.
Pubblico, lettore, cliente. È lo stesso.
Ciò che affetta la professione affetta anche chi ne fruisce.
L'italiano è quello che è. E, in parte, lo assolve il fatto che nasce *già* immerso nell'italianità. Non può cancellarla.
Quello che accade oggi è che chi conosce questo pubblico, per rivolgervisi come a un mercato, deve esasperare e giocare con quell'italianità.
Deve assecondare l'indolenza dell'italiano, la sua rassegnazione, il suo odio per chi arriva da qualche parte.
E vendergli un sogno.
Lo comprerà.

A meno che non gli si dia, come ora sta avvenendo, un altro sogno: rimanere nessuno ma giocare al giustiziere con chi ha successo, sia che lo abbia ottenuto valorosamente, sia che abbia imbrogliato.

Succede nel mondo reale da sempre.

Ma il mondo virtuale ha reso questi fenomeni esponenziali.

La verità è nel trapasso dal virtuale al reale.

Quando la semplificazione incontra la complessità, subentrano i problemi, i fallimenti.

A cui non si è preparati, perché ci si è addestrati al risultato immediato, al guadagno facile, al contraddittorio da *social*.

E a quel punto possono accadere due cose: si affonda o ci si ricompone.

E la ricomposizione è dolorosa.

Sono un Avvocato e questo libro non l'ho scritto per fini ecumenici. È ovvio che ho un interesse personale.

Tuttavia, mi piace pensare che possa contribuire a rendere chiaro che i cambi che attendono chi si trasferisce all'estero non si fanno solo con il diritto.

Ma non li si fanno meglio senza.

Sono altrettanto consapevole che questi sono messaggi nella bottiglia, destinati al mare aperto del *web*.

Così come sono consapevole che il mio modo di interpretare questa professione è fuori moda, superato dai tempi.

E che, non essendo una star del *web*, la mia sarà poco più che una voce nel deserto.

Ma quando intorno non c'è nessuno, ci siamo ancora noi.

Così, nella solitudine del *cogito*, l'uomo, come il professionista, ritornano a se stessi.

È quello che ho fatto con questo libro.

Ed è per questo che ho scritto una conclusione.

www.ingramcontent.com/pod-product-compliance
Lightning Source LLC
Chambersburg PA
CBHW070203230526
45471CB00002B/804